El comienzo del fin del mundo

Sergio Reyes Angona

Edi numen

Lecturas en español de
ENIGMA Y MISTERIO

Sergio Reyes Angona cursó una licenciatura y un posgrado en Filología en la Universidad Complutense (Madrid). En el 2002 se mudó a México donde completó un segundo posgrado en Lengua y Literatura Hispanoamericana (UDLAP) y desde entonces ha dado clases de español para extranjeros en tres universidades (UDLAP, Universidad Internacional, ITESM), dos ciudades (Puebla y Cuernavaca) y un incontable número de aulas. Como investigador, se ha interesado en la innovación educativa y la interculturalidad. Como profesor, en cada uno de sus estudiantes.

ISBN: 978-84-9848-117-4 (con CD)
ISBN: 978-84-9848-116-7
Depósito Legal: M-964-2012
Impreso en España
Printed in Spain

Coordinación de la colección: Manuel Rebollar
Edición: Sonia Eusebio

Diseño de portada: Juanjo López
Diseño y maquetación: Ana Gil
Ilustraciones: Carlos Yllana
Fotografías: Archivo Edinumen

Impresión:
Gráficas Glodami. Coslada (Madrid)
0221

1.ª edición: 2012
1.ª reimpresión: 2013
2.ª reimpresión: 2021

Editorial Edinumen
José Celestino Mutis, 4. 28028 - Madrid
Teléfono: 91 308 51 42
e-mail: edinumen@edinumen.es
www.edinumen.es

Índice

ANTES DE LA LECTURA

1. La novela que vas a leer, *El comienzo del fin del mundo*, habla de profecías prehispánicas que anunciaban un día concreto, el 22 de diciembre del 2012, en el que el mundo viviría un evento catastrófico. Anota qué otras profecías conoces.

....

....

....

....

....

1.1. Compara tus profecías con las de tus compañeros.

2. La acción tiene lugar en Cholula, un pueblo cercano a la ciudad de Puebla, en el corazón de México. ¿Alguna vez habías escuchado el nombre de ese pueblo? Busca información en Internet.

Google

Cholula

2.1. Después de investigar un poco, responde si estas afirmaciones son verdaderas o falsas:

	V	F
a. Su principal atractivo turístico es un museo de arte moderno.	☐	☐
b. Es considerada como uno de los lugares habitados más antiguos de toda América.	☐	☐
c. "Cholula" significa en náhuatl "agua que cae en el lugar de la huida".	☐	☐
d. Su fundación es posterior al nacimiento de Cristo.	☐	☐

3. La protagonista de la novela, Isabel, desde niña tiene sueños premonitorios, es decir, sueña con cosas que después pasan en la realidad. ¿Has tenido algún sueño así en tu vida? ¿Tienes alguna pesadilla que se repite a lo largo de tu vida? Cuenta, por escrito, tu sueño más misterioso.

4. Piensa, por un momento, en el fin del mundo. ¿Cómo lo imaginas? Redacta, en tiempo futuro, tu propia visión del Apocalipsis.

....

....

....

....

5. Como descubrirás en la novela, Cholula es uno de los lugares habitados más antiguos de toda América y está lleno de tradiciones y leyendas. Puedes buscar información en Internet.

Google

leyendas de Cholula

5.1. Ahora es tu turno. Escribe alguna leyenda de tu propia región o imagina una. Redáctala a continuación y después compara tu leyenda con la de tus compañeros. ¿Qué tienen en común? ¿Qué hace especial la tuya?

....

....

....

"Tú y yo somos los nahuales de Quetzalcóatl.
Tú eres el águila".

I

15 de diciembre del 2012. Sábado.

¡**FUEGO**! ¡Fuego!

Las llamas empezaban a subir por sus piernas, lamían su cintura. Un cielo de humo empezaba a cubrirlo todo. Apenas podía respirar y el poco aire que llegaba traía olor a carne quemada, a barbacoa.

–¿Pollo o pasta para su almuerzo?

Isabel despertó **de golpe**. Su cuerpo estaba lleno de **sudor**. Tardó un segundo en comprender dónde estaba. En medio de un avión, camino a México.

–Disculpe, señorita, ¿pollo o pasta?

Isabel miró a la **aeromoza** con alivio. No tenía nada de hambre y rechazó la comida.

–Gracias por haberme despertado.

La aeromoza la miró con desconfianza e interpretó el agradecimiento de Isabel como un irónico gesto de reproche. Ignoró la respuesta y siguió con su rutina de trabajo.

–¿Tenía usted una **pesadilla**, verdad? –le dijo el joven del asiento de al lado. –Disculpe. No pude evitar observarla mientras dormía. Parecía usted estar viviendo un infierno. ¿Ya se siente mejor?

–Sí, creo que sí –dijo Isabel, aún confundida y temblorosa–. Es ese maldito sueño, que no me deja en paz.

De golpe: de repente. Súbitamente.

Sudor: líquido que produce la piel para eliminar el calor del cuerpo.

Aeromoza: en México, azafata, asistente de vuelo.

Pesadilla: mal sueño.

–¿Sueño? Los sueños son como los niños y los borrachos. Dicen siempre la verdad. Permítame que me presente. Me llamo Coyo. Soy arqueólogo.

–Isabel. Encantada.

–Mucho gusto, Isabel. ¿Es usted española, verdad? –Isabel sonrió, pues no era posible la duda en su caso. Su piel morena y sus ojos grandes y oscuros, penetrantes, reflejaban su origen andaluz–. Yo soy de México, de un pueblo muy especial, Cholula.

–¿Cholula? ¡Qué casualidad! Justo es allí donde voy.

–¿A Cholula? ¡Qué bonita coincidencia! Le va a encantar. ¿Sabía usted que es la ciudad habitada más antigua de toda América? Tenemos una iglesia por cada día del año y una de las pirámides más grandes de todo el planeta. A los turistas les fascina. ¿Viene a hacer turismo?

–No. No precisamente –dijo Isabel, como hablando consigo misma.

–¿Qué es lo que le trae por mi tierra, entonces?

Isabel solía ser una persona reservada, pero Coyo parecía un tipo encantador y su tono de voz le inspiró confianza de inmediato. Era un hombre de rasgos **mestizos**, alto como ella, también de ojos grandes y morenos. Se notaba que era un hombre culto, sofisticado, de trato suave.

–Aún no lo sé. Sueño con Cholula desde hace meses. Todo el mundo me dice que me estoy volviendo loca –Isabel sabía que sus palabras no podían tener ningún sentido para Coyo pero sentía la necesidad de desahogarse con alguien. Desde hacía unos meses su vida se había vuelto una pesadilla.

–¿Por qué lo dice?

–Sueño con cosas raras…, con pirámides, con una ciudad en ruinas, **chimeneas** blancas, signos en un muro –Coyo abrió los ojos y la miró sorprendido, muy serio–. ¿Ves? Seguro que ya estás pensando que estoy un poco loca.

–¿Loca? ¡Para nada! –Coyo seguía mirándola muy serio– ¿Cómo son esos signos?

Mestizo: mezcla de español e indígena.

Chimeneas: espacios verticales para que salga el humo del fuego.

–Son inscripciones en una lengua antigua, prehispánica. Tú eres arqueólogo, debes saber de esas cosas. Yo no podía creerlo cuando los vi en una guía turística, una que hablaba de las salas interiores de la pirámide de Cholula.

–¿Y nunca antes había estado allí, en Cholula?

–No. Eso es lo raro. Nunca he estado en México siquiera.

–Isabel, ¿te puedo **tutear**, verdad?

–Sí, claro –Isabel se dio cuenta entonces de que ella lo había estado haciendo desde el principio. Es verdad que los españoles prefieren un trato más directo, más relajado, pero no era normal lo cómoda que Isabel se había sentido desde el principio con Coyo, un completo desconocido.

–No creo que estés loca– Coyo la miró con extraña complicidad–. Será un placer poderte acompañar a la pirámide y visitarla juntos. Te confieso que la conozco aún mejor que mi propia casa. Ya ves, mucha gente pensaría que yo ando también un poco loco. ¿Sabes una cosa? La locura, a veces es el único **boleto** a la verdad. De hecho, los pueblos prehispánicos no la consideraban una enfermedad, sino un mensaje secreto que hay que descifrar.

Isabel estaba sorprendida. Muy pocas personas en Madrid se tomaban en serio sus sueños. Acababa de renunciar a su trabajo como piloto de Iberia. Todos sus amigos le decían que era una locura dejar un trabajo así en medio de la crisis económica. Antes de firmar su carta de renuncia laboral, la compañía aérea le obligó a visitar a una serie de psiquiatras. **Pirofobia**, **paranoia esquizoide** y **trastorno bipolar** fueron los nombres que usaron los médicos para explicar sus pesadillas. Pero ninguno le supo decir por qué desde niña tenía sueños que después se hacían realidad, sueños premonitorios. Como cuando soñó con la muerte de su madre, a los diez años, en un accidente de avión. En el aeropuerto le suplicó a su mamá que no tomara ese avión, que se quedara en casa. Pero

---

Tutear: hablar a la otra persona con *tú*. La otra opción del español, más formal o respetuosa es *usted*.

Boleto: en México, billete, ticket.

Pirofobia, paranoia, trastorno bipolar: son diferentes enfermedades de la mente.

no le **hizo caso**. Unas horas después la tragedia se cumplió con puntualidad, tal y como ella la había soñado. Fue entonces que tomó la decisión de hacerse piloto. Aunque no hubiera podido salvar a su madre sentía al menos el consuelo de haber llevado a otras personas **sanas y salvas**. Pero era ella ahora la que necesitaba ayuda. La que necesitaba descansar de esas horribles pesadillas.

–Además de antropólogo soy temazcalero –Coyo interrumpió sus pensamientos.

–¿Temazca... qué?

–Preparo baños de temazcal, allí mismo en Cholula. Son baños prehispánicos. No tienen nada que ver con las terapias que ofrecen los *spas* turísticos. Son algo más íntimo, un tipo de **misa** para el cuerpo. Una forma de liberar tensiones y entrar en contacto con nuestro ser profundo.

A Isabel el lenguaje de Coyo le parecía algo **esotérico**. Pero la imagen de un baño relajante después del peor mes de su vida sonaba a música celestial.

–Mañana mismo, por la mañana, voy a preparar un baño en el temazcal de mi casa, **tu casa**. Estás invitada, Isabel. Me encantaría que vinieras.

Isabel aceptó encantada la invitación. Justo en ese momento el avión volaba por encima de la Ciudad de México. No se veía el final de la ciudad. Las casas parecían hormigas que trepaban por los montes, que se extendían por el valle, que rodeaban los lagos, que lo devoraban todo. Solo los volcanes ponían un límite a esa epidemia interminable de edificios.

Hacer caso: obedecer.

Sanas y salvas: expresión que se usa para referirse al hecho de estar vivo después de una situación de riesgo.

Misa: ceremonia cristiana celebrada en una iglesia.

Esotérico: oculto, misterioso, algo que la ciencia no puede explicar.

Tu casa: en México es frecuente que cuando uno se refiere a su propia casa en lugar de decir "mi casa" se dice "tu casa" (o "su casa", si se habla de usted) para hacer sentir a la otra persona nuestra amabilidad. Es un gesto de hospitalidad.

Además de antropólogo soy temazcalero –Coyo interrumpió sus pensamientos.

II

16 de diciembre del 2012. Domingo.

ISABEL aún no se sentía recuperada del viaje. Apenas pudo descansar unas horas en su hotelito, que daba al **zócalo** de Cholula. Pero aceptó la invitación de Coyo de acompañarlo al mercado a comprar unas hierbas que necesitaba para preparar el baño del temazcal.

El mercado de Cholula estaba a dos **cuadras** del zócalo y era tan grande como la plaza central de cualquier ciudad europea. Ese inmenso espacio estaba cubierto por un techo de aluminio. A pesar de que eran las nueve de la mañana parecía de noche dentro del mercado.

–¿Qué va a llevar, ***güerita***?–. En el mercado no era fácil distinguir los puestos ni las voces. En medio de tanta gente, Isabel se sentía mareada por olores intensos y contrarios, olores a **caño**, a jazmines, a pescado crudo, a chocolate, a deliciosos **chiles** tostados.

–¿Qué le damos, mi *güera*? – era una vendedora de **jugos** la que intentaba atraer la atención de Isabel.

–Oye, Coyo, ¿por qué me dicen *güera*?

–Jaja... ¿por qué va a ser? Tu aspecto de *gachupina* es inconfundible.

–¿Gachupina?

–Sí, así llamamos a veces a los españoles. La palabra viene de los

---

Zócalo: plaza central de un pueblo o ciudad, típica de las ciudades mexicanas.

Cuadras: en México, bloques de calles. En España se usa, para este significado, la palabra "manzana".

Huera o **güera**: en un lenguaje coloquial se refiere a mujer de piel blanca o, simplemente, extranjera.

Caño: tubería, alcantarilla.

Chiles: pimientos picantes. En México el chile es uno de los ingredientes centrales de su gastronomía.

Jugos: en español de España, zumos.

tiempos de la conquista. No sé si sabes que muy **cerquita** de aquí Hernán Cortés empezó su genocidio hace quinientos años. Reunió en un palacio a todos los líderes indígenas y ordenó a sus soldados que dispararan. Murieron más de 6000 cholultecas. Allí empezó la conquista de México. Debajo del suelo de este mercado aún duermen los cadáveres de esa masacre.

–Bueno, no todo fue tan negativo, ¿no crees? –se atrevió a contestar Isabel –Los españoles dejaron también su cultura. Su civilización. La lengua, por ejemplo.

–Sí. Con la fuerza de las armas y las hogueras de la **Inquisición**.

La sola mención del fuego despertó en Isabel un escalofrío.

–¡Pásenle, mis *güeros*! ¿Qué les damos? –ahora sí pudo identificar a la vendedora, una mujer mestiza de mirada directa y alegre. Su puesto estaba lleno de florecitas de un naranja vivo, casi amarillo, que daban color al ambiente oscuro del mercado. Isabel empezó a ponerse nerviosa.

–Para sus **muertitos**, doñita –dijo la vendedora.

– ¿Flores de muertos a mediados de diciembre? ¿Para qué son las flores, señora? –preguntó Coyo–. De repente Isabel se quedó blanca. –¿Isabel? ¡Isabel! ¿Qué te pasa?

No era la primera vez que Isabel veía esas flores. Aparecían en sus sueños, como parte de un altar lleno de **calaveras** y objetos sin sentido. Empezó a sentir un calor agobiante.

En un pasillo cercano, a siete u ocho puestos de donde estaba, un hombre de piel oscura, indígena, la miraba directamente a

---

Cerquita: diminutivo de cerca. En México, especialmente en un lenguaje informal, se usa mucho la terminación –ito/-ita (incluso para adverbios de tiempo o lugar como "ahorita", "lejitos", "ahora mismito", "tardecito") con la intención de buscar empatía o crear una relación más cercana con el interlocutor.

Inquisición: institución responsable de proteger la ortodoxia religiosa y moral del estado, típica de los países europeos en los siglos XVI y XVII. La Inquisición española apoyó la expulsión de los judíos (1492) y la evangelización católica de América.

Muertitos: para el altar que se hace en México el Día de Muertos o Todos los Santos: el 1 o 2 de noviembre.

Calaveras: lo que queda de la cabeza cuando el tiempo ha destruido todo lo que no es solo el hueso.

los ojos. Isabel estaba acostumbrada a ser mirada por los hombres. Su belleza andaluza llamaba la atención en cualquier lugar del mundo. Pero ese hombre no parecía mirarla con deseo. Su mirada era dura, concentrada. El hombre empezó a caminar hacia ellos. De repente, Isabel recordó esos ojos... los había visto ya en alguna parte, estaba segura... ¡en sus pesadillas! ¡Los había visto en sus pesadillas! Esas mismas **pupilas**, su piel oscura encima de ella, luchando en medio de un bosque. Isabel se puso tensa.

–Coyo, mejor vámonos de aquí, ¿vale?– Coyo no hizo preguntas. Le agarró la mano y empezó a caminar rápido. Isabel pudo ver cómo aquel hombre estaba cada vez más cerca de ellos, aunque no le era fácil abrirse paso entre el gentío del mercado. Coyo, sin embargo, empezó a moverse con la agilidad de una **culebra** y en poco tiempo lograron escapar del mercado. El hombre que los seguía parecía haberse quedado atrapado dentro.

Llegaron al zócalo. Isabel, por fin, pudo respirar tranquila, y encontró en el aire fresco del invierno un alivio para sus nervios. Coyo le compró unas hierbas y un ramo de hojas de palma a una anciana indígena que estaba sentada en el piso con los pies descalzos. Parecía muy pobre. La anciana tomó algo de su cuello y se lo ofreció a Isabel.

–Tome, **m'ija**. Es un **amuleto** para espantar el mal. Una piedrita especial. Llévelo con usted, muy cerca de su pecho. La va a necesitar. Todos vamos a necesitar protección muy pronto.

–Gra... gracias, señora– le dijo Isabel, que empezó a buscar en su cartera algunas monedas.

–No necesito su **limosna**, m'ija. Tengo mi familia, que me cuida. ¿Usted tiene familia?

–No. Mis amigos son la única familia cercana que me queda.

–Entonces, m'ija, es usted la que necesita limosna. No yo.

Pupilas: centro de los ojos.

Culebra: serpiente de agua, de menor tamaño, habitual en los ríos.

M'ija: transcripción de "mi hija", una forma de tratamiento muy frecuente en México y otras regiones hispanohablantes, normalmente con una intención cariñosa y amable.

Amuleto: objeto que da suerte.

Limosna: dinero que se le da a un pobre como ayuda.

¿Qué quería decir la anciana? La miraba con compasión y con ternura. ¿Tan mal aspecto tenía? Llevaba solo un día en México pero sentía un cansancio de años, de vidas enteras.

–**Ándale** le dijo Coyo, que no pudo evitar mirar con cierto desprecio a la anciana. –Debemos **apurarnos**. El baño de temazcal empieza en media hora. Dejé las piedras calentándose y ya deben estar listas. No quiero hacer esperar a los demás.

–¿A los demás? –preguntó Isabel –pensé que íbamos a estar solos.

–No, **cómo crees**. El temazcal es un baño colectivo. Los antiguos cholultecas creían que el malestar de una sola persona afectaba al equilibrio de toda la comunidad. Por eso, cuando alguien se sentía enfermo o cansado iba al temazcal a compartir su mal con los otros. Y la mejor medicina que encontraba era la aceptación de los demás, el amor de la tribu.

Isabel llevaba toda su vida sintiéndose sola. En la escuela los niños la insultaban y le llamaban "**bruja**". "Nada de brujerías", decía su abuela materna. "Eso es un don, mi niña. En un mundo donde la gente solo puede entender lo que está delante de sus narices tú puedes ver, en tus sueños, cosas que nadie más entiende". Su abuelita tenía razón. Gracias a ese don había llegado lejos en su vida. Había sabido evitar peligros, personas con malas intenciones. Pero también había pagado un precio muy alto. Nadie parecía entenderla. Y los hombres estaban dispuestos a compartir la cama con ella, no sus vidas. Por eso la idea de compartir algo íntimo con desconocidos era especialmente incómoda para Isabel y, al mismo tiempo, tal vez su única manera de romper, aunque solo fuera por unos momentos, el muro psicológico que la separaba del mundo.

¡Ándale!: expresión mexicana que tiene varios usos. En este caso el hablante la usa para presionar a su interlocutor e instarle a la acción, para expresar la prisa que requiere esa acción. Es equivalente a "vamos".

Apurarse: darse prisa.

¡Cómo crees!: expresión mexicana que expresa sorpresa por lo que otra persona dijo, sobre todo como reacción a algo que propuso y que el hablante considera que no aplica en absoluto.

Bruja: mujer que realiza magia negra, que tiene poderes extraordinarios relacionados con el diablo.

III

LLEGARON paseando a la casa de Coyo. Una casa llena de color, con sus muros pintados de rojo y un amplio patio interior donde estaba el temazcal, una bóveda de adobe de color blanco. A Isabel le recordó a los iglús de los esquimales. Una indígena joven, casi adolescente, le ofreció un té de hierbas.

En una **banca** ya estaban esperando un grupo de personas. Sin duda eran turistas, con sus pantalones cortos y sus miradas nerviosas mirando al reloj. Isabel **se quedó de piedra**. En el centro de la banca estaba él, el hombre del mercado, el de los sueños.

–¡**Qué húbole**, Gonzalo! –le saludó Coyo–. No sabía que venías al temazcal.

La familiaridad con la que le habló Coyo sorprendió a Isabel. Ese hombre le ponía nerviosa. ¿Por qué la miraba de esa manera? Si conocía a Coyo, ¿por qué no le había saludado en el mercado? Coyo se metió en su casa un momento. Y Gonzalo se acercó a Isabel.

–Buenos días, señorita. No es usted de **acá**, ¿verdad? –le dijo Gonzalo.

–N ...no. Soy de España –contestó Isabel, incómoda. Pensó, por un momento, inventar cualquier excusa y regresar a su hotel.

–¿Ya todos están preparados? –dijo Coyo, anunciando su presencia al grupo. Se había cambiado de ropa y vestía ahora un traje

---

Banca: asiento para varias personas, normalmente de piedra o madera.

Quedarse de piedra: modismo popular para sorprenderse mucho, quedarse sin palabras.

¡Qué húbole!: saludo popular en México.

Acá: en México (y en otros países latinoamericanos) es más común usar "acá" que "aquí".

de **manta**. Su voz en ese lugar se había vuelto, de repente, poderosa y grave.

–Mi nombre es Iztacoyotl, pero llámenme Coyo. Les voy a pedir, si son tan amables, que se cambien de ropa y entren solo con el traje de baño o la ropa interior imprescindible. Pueden cambiarse allá, en esos cuartitos de madera. Antes de que lo hagan es mi deber avisarles que el temazcal es una experiencia intensa. Si tienen alguna enfermedad del corazón o pulmonar, por favor, no arriesguen su salud.

Todos se quedaron en silencio. Isabel aprovechó el momento para irse rápido al cuarto de mujeres y así poder cambiarse de ropa antes de que llegaran los demás. Ya en bikini caminó hacia la entrada del temazcal, que no era más alta que la boca de una chimenea. Entró a **cuatro patas**. Apenas había luz dentro y el aire estaba lleno de **vapor** caliente. Parecía una sauna. Coyo estaba sentado en posición de flor de loto.

–El temazcal es un regreso a la infancia. Por eso hay que entrar a gatas.

A Isabel las palabras de Coyo le parecieron algo teatrales. Tenía problemas para respirar. Se arrastró hacia uno de los extremos de esa cueva artificial, y se puso lo más cerca que pudo de Coyo. Algo en él le inspiraba una confianza ciega. El último en entrar, para su suerte, fue Gonzalo, que se quedó en la parte opuesta, justo al lado de la salida. Cuando todo el grupo estuvo dentro empezaron a escucharse sus respiraciones fuertes, animales. El sudor de los cuerpos se sumaba al vapor que producían las piedras cuando Coyo les echaba agua por encima.

–Dejen que poco a poco su cuerpo se acostumbre al calor y a la humedad. Piensen que están en el vientre de su madre, de la madre Tierra. Y que nada malo puede pasarles.

Coyo seguía echando agua sobre las piedras. En verdad hacía un

---

Manta: en México, tela de color blanco, tradicional y típica de los indígenas.

A cuatro patas: expresión que se refiere a caminar como lo hacen algunos animales, como los gatos o los perros.

Vapor: gas que se obtiene de la condensación del agua.

calor asfixiante. El aire era una nube densa y ardiente. Isabel buscó con la mirada la luz pálida de la salida. Creyó ver, frente a frente, las pupilas encendidas de Gonzalo, clavadas otra vez en ella, en su cuerpo. Isabel se arrepintió de no haberse escapado antes. Ya era demasiado tarde.

Coyo empezó a cantar. Su voz se hacía cada vez más profunda y sacerdotal. Su canto sonaba como un mantra hindú:

Agua de vida: lava mi tiempo.
Padre fuego: quema mi miedo.
Viento del bosque: llévame lejos.
Madre Tierra: ábreme tu cielo.

Isabel se sentía cada vez peor. No sabía si era por el calor, por la falta de oxígeno o por la energía densa que se acumulaba dentro. Se sentía cada vez más pequeña, más vulnerable. Odiaba esa sensación. Quería salir volando de allí.

–Tomen estas hojas de palma y estas hierbas del volcán –las instrucciones de Coyo resonaron con fuerza–. Golpeen su cuerpo con ellas. Frótense. Son de nuestros abuelos los árboles, de nuestros amigos del bosque. Les ayudarán a liberar lo viejo, lo tenso, lo gastado. Y protegerán su alma.

Todos empezaron a pasarse las hierbas por la espalda, los brazos y las piernas y, después, a golpearse el cuerpo con las hojas de palma. Al principio Isabel lo hacía con timidez, pero poco a poco empezó a sentirse eufórica y acabó golpeándose los brazos con fuerza. En medio de ese desorden de ramas y **jadeos** sonaba la voz serena de Coyo:

Agua de vida: lava mi tiempo.
Padre fuego: quema mi miedo.
Viento del bosque: llévame lejos.
Madre Tierra: ábreme tu cielo.

Jadeo: respiración por la boca producida por un esfuerzo físico intenso.

Isabel sintió que su cuerpo estaba ardiendo. Quiso acercarse a Coyo para pedirle el alivio de un poco de agua, pero su cuerpo no respondía. Cerró los ojos y sintió cómo la voz de Coyo se metía, poco a poco, en su sueño:

Agua de vida: lava mi tiempo.
Padre fuego: quema mi miedo...

Soñó que entraba en una especie de cueva bajo tierra. Estaba rodeada de signos que no podía entender, como un lenguaje antiguo. Solo deseaba encontrar una salida. Romper las **cuerdas** que la ataban a esa **tumba** de piedra.

...viento del bosque: llévame lejos.
Madre Tierra: ábreme tu cielo.

–¡Isabel! ¡Isabel! –la voz de Coyo sonaba en su mente.

–¡Isabel! ¿Estás bien?

Se quedó sin fuerza, de repente. Sus piernas empezaron a **temblar**. Su espalda resbaló por la pared del temazcal y cayó al piso del temazcal. **Se desmayó**.

Cuerdas: sirven para atar y suelen estar hechas de hilos de cáñamo o lino.

Tumba: caja donde se entierra a los muertos.

Temblar: moverse con espasmos, de forma rápida y frecuente.

Desmayarse: perder el conocimiento por algún problema físico o alguna situación psicológicamente impactante.

IV

CUANDO despertó estaba en una habitación blanca, que olía a sábanas recién lavadas y su cuerpo estaba envuelto en toallas. Le dolía la cabeza. Tenía aún fresco el sueño. Soñó con águilas, águilas que la guiaban a través del océano. Estaba en una avioneta. El cielo no era de color azul sino de un gris que se confundía con la bruma del mar. Sentía una gran paz. Los mandos del avión eran suaves, cálidos, se movían entre sus manos… ¡Eran serpientes! La calma se volvió pánico, sudor frío. Las serpientes rodearon sus manos y le impedían escapar. Subían por su cuerpo. Estaban calientes, muy calientes. Sentía cómo abrasaban su piel. Ese fuego en los brazos era lo último que recordaba. No podía recordar más. En esos momentos, se abrió la puerta.

–Ya despertaste. Dormiste casi la mitad del día –era Coyo, quien la miraba con una dulzura íntima.

–Ay, ¡madre mía! ¿Qué ha pasado?

–No temas. El temazcal le da a cada uno lo que necesita. Algo en ti necesitaba apagarse. Y tu cuerpo buscó el descanso de su propia noche –le dijo Coyo, cada vez más cerca de la cama.

–¿Dónde estoy? –preguntó Isabel

–Estás en tu casa.

–¿Co…, cómo?

–Sí, en mi casa, recuerda. Si miras por la ventana puedes ver el jardín y el temazcal. Cuando te desmayaste te sacamos de allí y te trajimos a este cuarto, donde has estado dormida. ¿Cómo te sientes?

–No lo sé…. Me duele la cabeza. Quería disfrutar la experiencia y, mira, casi termino en el hospital. ¡Qué vergüenza!

–Nunca **te apenes** de tu cuerpo, los cuerpos son sabios. Además, el tuyo es muy lindo.

Isabel se sintió desnuda y desconcertada. ¿La habría visto sin ropa? ¿Estaba Coyo **coqueteando** con ella o sus palabras solo respondían a la tradicional cortesía de los mexicanos hacia las mujeres?

–Isabel, si quieres, ve a tu hotel y descansa. Lo necesitas. Tuviste pesadillas.

–¿Estuviste aquí conmigo mientras dormía?

–Sí, estaba preocupado. Estabas sudando mucho. Gritabas.

–¿Qué decía?

–Hablabas de muchas cosas. Mañana por la mañana quiero que vayamos a la pirámide de Cholula. Necesito enseñarte algo. Allí encontrarás las respuestas que buscas. Pero debes ser muy puntual. Tenemos que entrar antes de que abran el acceso al público.

–Sí, está bien. Una pregunta, Coyo... ¿Quién es ese señor al que saludaste en el temazcal?

–¿Quién?

–Sí... un señor bajito, de piel morena y ojos grandes, oscuros. Y una mirada rara...

–Ah, ¿te refieres a Gonzalo? ¿El que llevaba unos pantalones cortos, como de explorador?

–Sí, creo que sí.

–Gonzalo es uno de los guardias de seguridad de la pirámide. En mis investigaciones arqueológicas él vigilaba que mi trabajo cumpliera con todos los permisos y que nadie interrumpiera el estudio. Es verdad, tienes razón. Es un hombre raro. No habla mucho. Escuché que se quedó **huérfano** de niño. ¿Por qué me lo preguntas?

–No, por nada. Cosas mías sin importancia.

Apenarse: avergonzarse.

Coquetear: flirtear.

Huérfano: sin padres.

V

17 de diciembre del 2012. Lunes.

ISABEL se reunió con Coyo a la entrada de la pirámide de Cholula. Los vientos que venían del volcán traían el frío de la madrugada pero el sol empezaba a salir y poco a poco calentaba la mañana. Su luz aún anaranjada brillaba en los **azulejos** de las iglesias de Cholula, cada una de un color distinto.

–¿Cómo estás? ¿Te sientes ya mejor? –le preguntó Coyo.

–Sí, más o menos. ¿Esta es la entrada para visitar la pirámide?

–Sí, es acá.

–¿Y la pirámide está lejos?

–Ja, ja. La tienes justo debajo de tus pies.

La pirámide de Cholula estaba medio **enterrada**. Solo una décima parte de ella podía verse desde la superficie.

–Es una pirámide muy antigua –continuó Coyo–, anterior a Jesucristo. Cada pueblo prehispánico construyó su templo encima de la pirámide anterior. Llegó a ser el templo más grande de todo el mundo, mayor que las pirámides de Egipto. Hasta que llegaron los españoles y cubrieron de tierra y **barro** la gran pirámide para construir su iglesia encima de ella.

–¿Es esa iglesia amarilla que se ve en lo alto?

–Sí, esa es. La iglesia de la Virgen de los Remedios. Pero apurémonos. Si entramos ahora estaremos solos.

Azulejos: ladrillos de colores usados para vestir paredes, suelos o como decoración.

Enterrada: bajo tierra.

Barro: mezcla de arena y agua. Lodo que se forma en las calles cuando llueve.

Coyo mostró su credencial de investigador. Trabajaba como profesor de arqueología en la Universidad de las Américas, una universidad privada cuyo campus llegaba casi al borde del **cerro**. Un guardia de seguridad saludó a Coyo y le abrió la puerta de acceso a la pirámide. Entraron en el túnel.

–Coyo, esto está muy oscuro. ¿Qué es lo que querías enseñarme?

–Ya estamos cerca. No temas. Justo aquí vamos a entrar a un túnel que nos llevará a la cámara secreta.

–¿La cámara secreta?

Llegaron a una pequeña sala donde había una puerta cerrada y un letrero de "Prohibido el paso a personal no autorizado". Coyo sacó una llave de su bolsillo y abrió la puerta.

–¿Estás seguro de que podemos pasar?

–Shhh... No hagas ruido. Entra tú primero. Debo cerrar la puerta.

–¿No estamos haciendo algo ilegal, verdad?

–Confía en mí. El gobierno eligió a un equipo de arqueólogos para explorar estos túneles, que acaban de ser descubiertos. Yo fui el jefe de ese equipo y conozco este lugar mejor que mi propia casa. En esa exploración descubrimos una sala muy importante y le pedimos al gobierno permiso para seguir **cavando**. Pero el gobierno no nos permitió continuar. Dijeron que poníamos en peligro la estabilidad de la iglesia, sus **cimientos**. Pero vamos, Isabel, apúrate. No tenemos mucho tiempo antes de que empiecen a llegar los turistas. Y quiero enseñarte algo. Dentro están las respuestas que buscas.

Isabel entró al túnel. No se veía nada y el suelo estaba mojado. Era fácil **resbalarse**. Coyo cerró la puerta a su espalda.

–¿Dónde estás? Dame la mano. Tengo miedo.

–Estoy aquí, a tu lado. Solo debes caminar con cuidado, apoyándote en las paredes, en el techo. Avanza lentamente. –En ese

---

Cerro: monte bajo, colina.

Cavar: abrir un agujero en la tierra.

Cimientos: base que sostiene el peso de un edificio, que está bajo la superficie.

Resbalarse: perder el equilibrio al deslizarse los pies por una superficie lisa.

momento Coyo sacó una **linterna**. Isabel pudo ver las paredes húmedas del túnel, que cada vez parecía más estrecho.

–¿Falta mucho? –preguntó Isabel, que empezaba a sufrir los primeros síntomas de la claustrofobia.

–Ya casi estamos.

El túnel les llevó a una sala más grande. Isabel apenas podía distinguir unas figuras en los muros. Pudo reconocerlos. Eran iguales en sus sueños, aunque en la realidad se veían llenos de colores. Su corazón latía fuerte. Coyo también parecía emocionado.

–¿Son los símbolos que viste en tus sueños?

–Sí, pero no entiendo nada. ¿Qué son?

–Estamos en una de las cámaras sagradas de la gran pirámide. En ellas se explica la historia del pueblo olmeca, los antepasados lejanos de los primeros habitantes de Cholula. Estos símbolos hablan de la fundación de la ciudad.

–Esto de aquí parece una barca o una nave. Siempre aparece en mis sueños. La recuerdo perfectamente.

–Así es. Cholula significa en **náhuatl** "agua que cae en el lugar de la huida". Los símbolos hablan de una **inundación** planetaria. La misma historia que la Biblia llama "el Diluvio Universal". Cuentan la historia de Xelhúa, un gigante, que consiguió sobrevivir y buscó **refugio** en este valle de Cholula. Aquí levantó la primera pirámide para dar gracias a los dioses.

–¿Y estos hombres con barbas?

–Esos hombres son los españoles.

–No entiendo. Pensé que estos signos eran de varios siglos antes a la llegada de los españoles.

–Eso es lo fascinante. Las inscripciones están divididas en tres

---

Linterna: objeto portátil que sirve para iluminar.

Náhuatl: idioma de la cultura azteca. Aún hoy en México hay aproximadamente un millón y medio de hablantes de las diferentes versiones actuales de esta lengua.

Inundación: catástrofe natural por exceso de agua.

Refugio: lugar provisional para protegerse.

Isabel pudo ver las paredes húmedas del túnel, que cada vez parecía más estrecho.

columnas. La de la izquierda habla del origen de la ciudad. La del centro, de su presente, en los primeros siglos de nuestra era. La de la derecha, cuenta con detalle el futuro del mundo. ¿Ves estos signos? Son un calendario.

–¿Del futuro?

–Sí. Aquí estaba escrita la fecha exacta de eclipses y catástrofes naturales. También la fecha de los eventos que marcarían la historia de este lugar.

–Pero, entonces, ¿los pueblos indígenas sabían que llegarían los españoles?

–Sí. Al menos lo sabían los hombres sabios, los iniciados. Por eso muchos pueblos se unieron a Hernán Cortés en contra del Imperio azteca. Para ellos la invasión de los soldados españoles formaba parte de un plan **sagrado**. Del plan que los dioses tenían para ellos.

Isabel se quedó mirando fijamente la última parte del muro. Había un triángulo. Y unas líneas extrañas. Parecían de color rojo.

–¿Qué significan estos signos?

–Esos signos son el final del calendario. Hablan de un día concreto. Ese día el cielo se cubrirá de fuego y empezará el fin de los tiempos. El Apocalipsis.

Isabel sintió, de nuevo, un fuerte dolor en el pecho.

–¿Cuándo sería ese día?

–Te traje aquí para que pudieras verlo por ti misma. Mira estos signos. Es un calendario **lunar**. Este símbolo es el año y estos otros señalan el día. El mensaje es claro. Ese día es el 22 de diciembre del 2012.

–Pe... pero, eso es...

–Sí. El próximo viernes. No estabas loca. Tus sueños te han traído aquí justo unos días antes de que comience el fin del mundo.

Se hizo un silencio entre ellos. Al fondo se escucharon unos

Sagrado: digno de respeto y veneración. De origen divino.
Lunar: de la luna.

pasos. Sonaba como si alguien estuviera caminando por el túnel que llevaba a esa sala.

–¿Quién **anda** ahí? –era una voz grave, casi un **ladrido**. Coyo apagó su linterna. Los pasos se sentían cada vez más cerca. Su eco resonaba en las piedras. La oscuridad era absoluta. Isabel estaba a punto de tener un ataque de pánico.

–Dame la mano, Isabel –le **susurró** Coyo al oído. Ese debe de ser Gonzalo. Sé cómo salir de aquí sin que nos descubra.

Isabel sintió hielo en el corazón. La idea de encontrarse allí dentro, en el corazón de la pirámide, con aquel hombre era algo horrible. Por un momento pensó que tal vez todo lo que estaba pasando era solo una más de sus pesadillas. Pero el **jalón** que sintió en el brazo la despertó de esa fantasía. Coyo la guiaba hacia el fondo de la sala.

–Entra por este túnel. Ten cuidado con los **escalones**.

Coyo abrió una pequeña compuerta en el piso. Era un lugar estrecho, casi había que **arrastrarse** para pasar, como si fueran reptiles. Isabel no encontraba el valor para entrar en ese **agujero**.

–¿Quién anda ahí? ¿Eres tú, Coyo? ¿Estás con la española?

Isabel no se lo pensó dos veces. Entró casi tumbada por el túnel y empezó a bajar los escalones ayudándose de las manos. La piedra estaba mojada e Isabel no podía ver nada de lo que tocaba. Coyo cerró la entrada de ese túnel. Isabel sentía ganas de llorar.

–¿Estás bien? No temas nada. Ya falta poco para llegar al túnel principal.

Poco a poco el espacio se fue haciendo más amplio. Coyo prendió de nuevo la linterna e Isabel pudo ver ya, al menos, dónde ponía

---

Anda: en el lenguaje oral de toda Latinoamérica el verbo "andar" puede usarse en muchos casos en lugar de "estar".

Ladrido: sonido que hacen los perros.

Susurrar: hablar en voz baja, casi imperceptible.

Jalón: en México, movimiento violento, sacudida. Equivalente a "tirón", que se usa en el español de España.

Escalones: cada uno de los niveles de una escalera.

Arrastrarse: moverse por el suelo.

Agujero: hoyo, espacio vacío.

las manos. Los escalones en lugar de bajar empezaron a subir. Al fondo se veía una **rendija** de luz.

–Allí está la salida –dijo Coyo. Su voz seguía sonando tranquila, como si para él todo esto fuera tan solo una excursión. Parecía tenerlo todo bajo control. –Deja que pase delante. Debo abrir esa puerta.

De repente la luz **cegó** sus ojos. Cuando su vista se acostumbró, Isabel pudo ver un nuevo túnel, iluminado con **focos**.

–Hemos tenido suerte. No hay ningún turista. Ven. Vamos. Salgamos rápido de aquí.

Coyo e Isabel se pusieron a correr por esas salas y túneles del recorrido turístico. Y en un par de minutos, lograron salir de la pirámide. **No había rastro** de Gonzalo por ninguna parte.

Rendija: pequeño espacio que deja una puerta o una ventana y por donde puede pasar la luz o el aire.

Cegar: dejar sin posibilidad de ver.

Focos: en español de España, "bombillas".

No haber rastro: no haber señal de la presencia de alguien.

VI

–¿En verdad crees que el mundo se va a acabar este viernes? ¿Por qué me enseñaste a mí esas profecías? ¿Qué relación crees que tienen conmigo? ¿Por qué tengo la sensación de que Gonzalo me persigue? –Isabel había salido de la pirámide con más preguntas que respuestas.

–Ven conmigo a la iglesia de Tonantzintla. Hay algo más que quiero que veas.

Isabel ya no sabía qué pensar. Sentía que su vida había escapado definitivamente de su control, como un vuelo sin motor. Coyo, sin embargo, parecía más tranquilo que nunca. Y su seguridad era el único mapa que ella podía seguir.

Tomaron un **camión** local, pues Tonantzintla estaba a solo unos cinco kilómetros de Cholula. El camión no tenía casi sistema de suspensión, gastada por años de carreteras irregulares, llenas de **baches** y **topes**. Isabel nunca había viajado en un transporte público tan incómodo y, sin embargo, sentía una extraña sensación de paz al sentir cada uno de los accidentes del camino en su cuerpo y dejarse llevar por la música de **cumbia** que el conductor había puesto a todo volumen. Acostumbrada al silencio de los cielos, ese viaje en camión la conectaba con el ritmo natural de la tierra. Con el ruido del mundo.

Camión: en español de España, "autobús".

Baches: irregularidades en la superficie de un camino o carretera.

Topes: en México, pequeños obstáculos que se ponen en las carreteras y en las calles para hacer frenar la velocidad de los automóviles. Normalmente se ponen antes de un cruce o de un lugar donde pasan las personas.

Cumbia: música de origen colombiano y caribeño aunque en México adopta un ritmo y una forma de baile distinto. Es una música muy popular.

–¡Bajan! –gritó Coyo desde el asiento. Isabel se dio cuenta entonces de que no había paradas oficiales. Cada pasajero avisaba al conductor dónde quería bajarse.

Habían llegado a Tonanzintla. Era un pueblo bastante más pequeño que Cholula. Por una calle empedrada llegaron rápidamente a su iglesia principal. A Isabel le pareció preciosa, como de cuento de hadas. Sus muros estaban completamente pintados de colores ocres, amarillos y azules y había **adornos** vegetales y figuritas de ángeles por todas partes.

Esta iglesia es muy especial –le dijo Coyo, que sonreía al ver su cara de **asombro**–. Los monjes franciscanos permitieron a los indígenas decorarla según su propia imaginación, siempre y cuando incluyeran los símbolos católicos.

Cuando entraron en la iglesia, Isabel comenzó a llorar.

–¿Ya lo viste? –le dijo Coyo.

Isabel no sabía a qué se refería. Ni siquiera lo estaba escuchando. No entendía tampoco por qué de repente sentía una paz tan grande en su corazón. Una paz que no sentía desde hacía mucho tiempo. Tal vez, incluso, desde que era niña.

–Es una iglesia muy dulce –fue lo único que supo decir.

–¿Dulce? Qué interesante que hayas elegido ese adjetivo. Los indígenas llamaron a esta iglesia Santa María de Tonanzintla y es un homenaje a la mujer, a la fertilidad, al sagrado vientre de la vida.

Isabel se sentía, de repente, **a salvo de** cualquier mal.

–Ojo. No te fíes de las apariencias. La iglesia también estaba, en secreto, dedicada a Tlaloc, el dios de la lluvia y de las fuerzas terribles de la naturaleza.

Cuanto más contemplaba Isabel los detalles de la iglesia más se multiplicaba su asombro. No era hora de misa y solo había unas

---

Adornos: objetos decorativos.

Asombro: sorpresa.

A salvo de: protegida de.

cuantas ancianas, en actitud de **rezo**, y una pareja de jóvenes turistas. La iglesia no tenía grandes cúpulas, ni delicadas vidrieras, ni la dimensión solemne de una catedral. Era sencilla y pequeña, con dos naves en forma de cruz. Su encanto estaba, sin duda, en la decoración. No había un solo centímetro desnudo. Todo estaba lleno de figuritas que representaban un delirio de vegetación, con mazorcas de maíz, **guayabas**, cacao, calabazas y **zapotes**. Otras tenían forma de flores, de colores vivos. **Plumas**, máscaras de animales salvajes y angelitos indígenas con caritas de bebés.

–¡Qué raro! Nunca había visto ángeles de piel oscura.

–No son ángeles. Al menos no en el sentido católico –dijo Coyo–. Eso es lo que creían también los franciscanos. Pero los artesanos indígenas solo imitaban las caritas de los bebés que morían. Creían que así se reencarnarían en los diferentes cielos del universo.

–¿Los cielos?

–Sí. Antes de los españoles aquí llegaron los aztecas. Y para satisfacer a Tlaloc sacrificaban a niños especiales.

–¿Sacrificaban? O sea, los mataban.

–La muerte es algo necesario para equilibrar la energía de la naturaleza. Tonantzin, la vida, necesita que Tlaloc renueve su ciclo así como el día necesita de la noche. La sangre de esos niños era, para el cosmos, su combustible necesario, algo así como la gasolina de los aviones que **manejas**.

–¿Cómo sabes que soy piloto? –Isabel no recordaba habérselo contado. De hecho, Coyo, hasta ese momento, había sido muy discreto con ella y no le había preguntado nada de su vida personal.

–Te lo escuché decir en sueños, cuando te desmayaste en el

Rezo: acción de rezar, hablar con Dios.

Guayabas y **zapotes**: frutas habituales de México y Centroamérica. Ambas son dulces y se usan sobre todo en postres.

Plumas: cada pieza que cubre el cuerpo de los pájaros. En varias culturas prehispánicas se usaban para mostrar el estatus de la persona.

Manejar: en México y en gran parte de Latinoamérica se usa frecuentemente el verbo "manejar" en lugar de "conducir".

temazcal y te eché en la cama para que descansaras. Estuviste más de una hora hablando en sueños. Y no solo hablaste de tu vida presente. También hablaron tus vidas pasadas.

–¿Vidas pasadas? ¿De qué estás hablando?

–No sé si estás preparada para lo que voy a decirte. ¿Quieres saber la verdad?

–Necesito escucharla. He dejado mi trabajo, mi país. Lo he dejado todo por venir hasta aquí. La verdad es lo único que quiero escuchar.

–Está bien. Cuando empezaste a hablar no pude evitar escucharte. En el avión me habías contado de tus pesadillas y pensé que debía quedarme a tu lado para cuidarte. Al principio hablabas de aviones, de aparatos y personas que no conozco. Pero después empezaste a hablar en náhuatl.

–¿En náhuatl? ¡Vamos, Coyo, eso es imposible! Yo no sé ni una sola palabra de náhuatl.

–He estudiado náhuatl la mitad de mi vida. Al principio es verdad que no lo reconocí pues tu pronunciación era extraña. Pensé que eran sonidos mal articulados, cosas de sueños. Pero después empecé a escuchar palabras inconfundibles, frases enteras en un náhuatl antiguo. Muy bello, por cierto.

–Lo siento, pero ¿cómo podría saber yo una lengua que nunca he escuchado ni estudiado?

–Mira justo encima de tu cabeza. ¿Ves aquellas máscaras encima de los angelitos? –la interrumpió Coyo, que señalaba unos rostros de ojos grandes, con coronas de pluma y de un tamaño mayor al de las figuras con forma de ángel.

–¿No te recuerdan a nada? –insistió Coyo.

Entonces Isabel se quedó sin palabras, completamente muda. Las líneas de esos rasgos eran idénticas a una marca que tenía en la piel, justo encima de su cadera, en el lado izquierdo de su cintura. Una marca de nacimiento, que muchas personas confundían con un **tatuaje**, y que tenía la forma de una cabeza de águila.

Tatuaje: dibujo marcado en la piel.

–¿Cómo sabes de mi marca? –Isabel no podía creer que en una iglesia del siglo XVI estuviera representado el extraño dibujo que tenía en su cuerpo.

–Pude vértela en el temazcal, justo cuando entraste a gatas. Después no pude evitar observarla mientras la muchacha y yo te acostamos en la cama. Supe, entonces, que tú eras la elegida.

–No sé de qué estás hablando. Vamos, no me **tomes el pelo**.

Una voz sonó a sus espaldas.

–Los caballeros águila –dijo un anciano desconocido, de rasgos mestizos y edad indescifrable–. ¿No es eso lo que están mirando?

–Maestro, ¿qué casualidad encontrarlo por acá? –respondió Coyo, que asumió, de repente, una actitud humilde, llena de devoción y respeto.

–Ya sabes, mi buen Coyo, que tú y yo creemos muy poco en las casualidades. ¿No vas a presentarme a la señorita?

–**Cómo no**, maestro. Ella es Isabel. Acaba de llegar de España. Él es mi maestro de náhuatl y de otras muchas cosas.

–Mucho gusto, Isabel –dijo el anciano. Aquí todos, cuando creen que no les oigo, me llaman "el **brujo**".

Isabel no supo bien cómo reaccionar. Esta vez su intuición no le decía nada, no le mandaba ninguna sensación, ni positiva ni negativa. Esta vez, al contrario, parecía que era ella la que estaba siendo estudiada, desnudada por dentro, por la atenta mirada del anciano.

–¿Quiénes son los caballeros águila? –dijo por fin Isabel, que seguía impactada por la coincidencia entre esas figuras y su marca.

–Los caballeros águila, m'ija, eran soldados poderosos del Imperio azteca. La élite de su ejército. Fueron ellos los que encontraron el águila y la serpiente en un **maguey**, en medio del lago de

---

Tomar el pelo: engañar, burlarse de alguien.

Cómo no : claro que sí, por supuesto.

Brujo: mago, persona con poderes y conocimientos extraordinarios relacionados con el diablo.

Maguey: cactus muy típico del norte y centro de México. Está en el escudo de la bandera de México.

Texcoco, la señal de la que hablaban las antiguas profecías aztecas. Allí, en medio del agua, los aztecas fundaron **Tenochtitlán**, la gran Tenochtitlán.

A Isabel le seguía sorprendiendo ese sentimiento de orgullo prehispánico en personas con una piel casi más blanca que la suya.

–¿Y qué pintan en esta iglesia?

–Son los protectores de los angelitos. Cuidan que nadie interrumpa su vuelo a los cielos. No les importaba su propia vida. Solo que el destino se cumpliera. Y, si no es indiscreción, Isabel, ¿qué le trae por estas tierras?

Isabel no sabía qué grado de verdad confesarle.

–Maestro –dijo Coyo–, mi amiga necesita su ayuda. Ella ha tenido visiones extrañas. Necesita entender su significado. Con su permiso, me gustaría invitarla a nuestro ritual, esta tarde.

–¿Estás seguro, mi Coyo? ¿Está ella preparada?

–¿Preparada para qué? –dijo Isabel–. ¿De qué están hablando?

Coyo la miró con amor. Con un amor extraño, lleno también de devoción.

–Mañana por la tarde nos vamos a reunir unos amigos en la **cabaña** del maestro. Allí haremos un ritualito religioso. No hay tiempo que perder. Recuerda, debemos prepararnos para lo que va a pasar.

–Vaya –el maestro miró a Coyo sorprendido–. Veo que ya le **platicaste** a la güera de nuestros secretos.

–Sí, maestro. Ella tiene la marca.

–¿La marca?

–Sí. La marca del caballero águila. En una vida pasada fue soldado azteca. Desde los sueños sus vidas pasadas le hablan. Pero ella aún no ha hecho el viaje. ¿Podría venir con nosotros?

Tenochtitlan: así llamaban los aztecas a su ciudad más importante, situada en lo que hoy es el corazón de la Ciudad de México. En sus cartas Hernán Cortés la comparó con Venecia, por su majestuosidad, su belleza y su condición de ciudad llena de canales de agua.

Cabaña: casa de madera.

Platicar: en México, significa hablar de algo, contar algo.

El "brujo" no parecía tan sorprendido por la confesión de Coyo. Isabel pensó que tal vez esas historias de reencarnaciones, profecías y señales en la piel debían ser algo cotidiano para ellos. Pero ella seguía sin saber qué pensar de todo este asunto. Miró al muro de la iglesia. Los rostros de los caballeros águila eran realmente idénticos a su marca.

–¿Dónde sería la reunión? –fue lo único que acertó a decir.

–En el bosque del Popo. Allí el maestro tiene una cabaña muy linda.

–¿El Popo? –Isabel ya sabía la respuesta.

–Sí, el **Popocatepetl**. También le llamamos Don Goyito. Es mejor hablar de él con cariño, pues el volcancito tiene, a veces, muy mal carácter –dijo el anciano.

Isabel suspiró. No podía rechazar la invitación. Había llegado hasta allí para entender sus sueños, lo qué pasaba con ella y ya no había vuelta atrás. Pero la idea de acercarse al volcán no le parecía nada tranquilizadora. Salieron de la iglesia los tres juntos. Isabel miró al horizonte. Desde allí podía verse el volcán perfectamente, gobernando el valle. De su **cráter** salía una columna de humo, como si la montaña estuviera fumando. Era un humo blanco, casi parecía una nube. No entendía a Coyo ni al anciano. Si según ellos el fin del mundo estaba tan cerca, ¿cómo es que no buscaban un lugar seguro? ¿Por qué decidían pasar la tarde en la ladera misma de un volcán en activo, uno de los más peligrosos del mundo? ¿Le habrían contado toda la verdad?

–Isabel, yo paso por ti al hotel. Mañana. Después de la comida. No comas pesado. Y descansa todo lo que puedas –le dijo Coyo. Y le dio un tierno beso en la mejilla. Un beso de hermano.

Popocatepetl: volcán activo que está en el centro de México. Su nombre viene del náhuatl y significa "montaña que humea". Es el segundo volcán más alto de todo el país, a 5500 metros sobre el nivel del mar.

Cráter: la boca del volcán.

VII

18 de diciembre del 2012. Martes por la tarde.

ISABEL pasó una noche horrible. Volvieron, de nuevo, las pesadillas. Esta vez soñó con cuerdas, que rodeaban su cuerpo como serpientes. Estaba en una cueva o un calabozo, tumbada boca arriba, rodeada de humo. Un objeto brillaba en su boca. Una pequeña piedra negra, con la punta **afilada**, como un cuchillo. La despertó el sonido del teléfono de su cuarto de hotel. Ya era mediodía.

–¿Diga?

Solo silencio, al otro lado.

–¿Diga? ¿Eres tú, Coyo?

La otra persona comenzó a **toser**. Era una tos ronca, de hombre. Una tos de garganta quemada por el alcohol, el tabaco o la enfermedad. Isabel, entonces, supo dónde había escuchado antes esa voz. En los túneles de la pirámide. Era la voz de Gonzalo. Estaba segura. Isabel colgó el teléfono, se levantó rápido de la cama y, sin darse un baño, salió de su cuarto. Si Gonzalo sabía el teléfono de su hotel podría aparecer allí en cualquier momento. ¿Estaría en el *lobby*, esperándola? Decidió calmarse, esperar unos minutos y dar una vuelta por Cholula. Por primera vez en mucho tiempo, desde que era niña, decidió entrar en una iglesia para rezar. Hacía

---

Afilada: con filo, con una superficie que corta.

Toser: contracción o espasmo de la garganta que ayuda al cuerpo a expulsar algo que lo estaba molestando.

tiempo que no recordaba la voz de su madre: "Hija, cuando te sientas asustada ve a una iglesia y reza. Dios habla el idioma de las estrellas. Cuanto más oscura es la noche su luz brilla más".

Pero la noche interior de Isabel más que oscura era confusa. Llena de sueños, de premoniciones, de mensajes sin sentido. Había soñado con una avioneta. Ella la estaba pilotando en un cielo lleno de humo. De repente aparecía una isla en mitad del océano. Una isla blanca, llena de extrañas chimeneas. Dentro de la avioneta se escuchaban voces de personas y animales, como si estuviera transportando un pueblo entero, con sus gentes y sus **granjas**. Un Arca de Noé en el cielo. Con el sonido de los motores al fondo. Isabel estaba intentando recuperar los detalles de ese sueño cuando su **celular** sonó. Sintió vergüenza de romper el solemne silencio del templo, así que esperó a estar fuera de la iglesia para responder la llamada. Era Coyo.

–¿Isabel?

–Sí, dime.

–¿Estás bien? Estoy aquí en el zócalo, en mi camioneta.

–Sí, sí. Dame un minuto. Ya voy para allá.

Isabel cruzó el zócalo **de volada** y al otro lado vio la camioneta blanca de Coyo. Él se veía concentrado, con la mente puesta en sus propios pensamientos.

–Perdona por el retraso.

–¿Pudiste dormir un poco? –le preguntó Coyo.

–Sí, un poco –Isabel había dormido apenas un par de horas. El insomnio era su mejor aliado para evitar las pesadillas. Se sentía exhausta, con un cansancio de años, de vidas enteras en su espalda. Pero esa mañana una parte de ella se sentía más viva que nunca antes en su vida. Sabía que algo importante estaba a punto de pasar.

Granja: terreno donde se cuida a diferentes animales (caballos, vacas, gallinas, etc.) para obtener sus productos (carne, huevos, leche, etc.) y comercializarlos.

Celular: teléfono móvil.

De volada: modismo mexicano que significa "muy rápido".

No tardaron más de media hora en llegar al inicio de la carretera local que subía al Popo. En su parte más alta el volcán aún tenía un poco de nieve, los últimos hielos de una extraña temporada de lluvias que había llegado hasta noviembre. A Isabel la montaña del Popo, con su cima nevada, le recordó al paisaje del Fujiyama de su viaje por Japón. El volcán dominaba todo el valle y se extendía como una muralla natural alrededor de él, que lo unía a otros volcanes.

–¿Cómo se llama ese otro volcán? –le preguntó a Coyo.

–El Iztaccihuatl. La mujer dormida.

–¿Cómo?

–Así dice la leyenda. Cuentan que el hijo del dios del sol, Popocatepetl, se enamoró de Iztaccihuatl, princesa del aire. Los dioses aprobaron su amor con la condición de que nunca bajaran a la tierra. Pero los enamorados no obedecieron. Sentían la curiosidad de conocer el mundo de los mortales y descendieron a este valle de Puebla. Vieron que su belleza estaba llena de colores, de formas, de animales. Les pareció más hermoso que la monotonía infinita de sus cielos.

–Sí..., el cielo puede ser, a veces, muy aburrido –dijo Isabel, hablando sola.

–Los dioses los castigaron. La princesa se volvió mortal y enfermó. Cuando estaba a punto de morir le pidió a Popocatepetl que la dejara en lo alto de una montaña, para estar cerca del cielo y así poder ver eternamente el rostro de su amante. El príncipe la llevó a la montaña más alta del valle, la dejó allí, tumbada boca arriba, prendió una hoguera y se quedó a su lado sin moverse, hasta morir. Los dioses, conmovidos, los convirtieron en los dos volcanes, el Popo y el Ixta.

–¡Es verdad! El contorno del Ixta parece la figura de una mujer **acostada**.

Acostada: echada en la cama, puesta en posición horizontal.

–Sí. Y el Popo sigue velando sus sueños, con la hoguera encendida.

Isabel miró a lo alto. El humo del Popo hoy no tenía la forma vaga de una nube sino el humo vertical de una chimenea. En esos momentos estaban subiendo por su ladera. La carretera era un camino de tierra aplanada, irregular, llena de hoyos. Cuanto más subían, más se llenaba el paisaje de pinos y el aire empezaba a oler a bosque.

Llegaron, por fin, al final del camino. El bosque era precioso. Los pinos eran majestuosos, de un verde luminoso, casi amarillo a veces. Había una cabaña grande, con una chimenea prendida. El sol estaba en lo alto de esa tarde sin nubes.

–¡**Qué onda**, mi Coyo! Ya pensábamos que no venían–. De la cabaña salió una mujer de ojos oscuros y cabello largo, ondulado. Su sonrisa era casi maternal, pero su mirada era seria, intensa, casi dura.

–Isabel, te presento a Verónica. Es sobrina del brujo.

–Shhh, **menso**. Que no se entere de que hasta nosotros le llamamos así. Buenas tardes, Isabel. Bienvenida a tu casa. Hoy es un día especial para todos nosotros. Pásenle. Ya prendimos el fuego. Ponte cómoda.

Dentro de la cabaña, en la cocina, estaba "el brujo", preparando una mezcla de hierbas, que **molía** en un **molcajete**. Caminaba **encorvado** y arrastraba los pies al hacerlo. Lentamente se fue acercando a la sala, donde estaban Coyo e Isabel.

–Qué gusto verte de nuevo, Isabel. ¿Viste el águila que está

¡**Qué onda**!: saludo informal en México, especialmente entre jóvenes. Otra posibilidad, también informal, aunque más tradicional es: "¡Qué hubo!" o "¡Qué húbole!".

Menso: en México, bobo, idiota. Puede tener una intención ofensiva aunque normalmente se usa con un tono y una intención cariñosa.

Moler: triturar, aplastar, normalmente como técnica para preparar los ingredientes necesarios de una salsa.

Molcajete: instrumento tradicional para moler la comida. Es una piedra volcánica, contra la que se aplasta el ingrediente que se está moliendo.

Encorvado: con la espalda en curva.

volando por encima de la casa? Parece que tu nahual la está llamando.

–¿Mi nahual?

–Un nahual es un animal en el que tu alma se expresa –le dijo Coyo, casi al oído –. Algunas personas tienen el poder de transformarse en su propio animal.

Isabel empezaba a preguntarse si esas personas no estarían todas locas. Pero después pensó que eso era justo lo que toda la gente que la rodeaba en España pensaba siempre de ella. Y no, no estaba loca. Isabel vio entonces las flores de **cempasúchil** y las calaveras, que formaban un pequeño altar al lado de la chimenea de la cabaña. Empezó a sentir miedo. Recordaba haberlas visto en sus sueños, rodeadas de su propia muerte.

Coyo le agarró la mano. Parecía presentir su miedo, sus dudas.

–No temas. Confía en Dios. Nada malo va a pasarte. Tú, para mí, eres sagrada.

El 'brujo' se acercó al grupo. Llevaba en sus manos un **cuenco** con hierbas que había molido junto con unas hojas de tabaco.

–Son hierbas protectoras. Nos cuidarán en el viaje –le explicó Coyo–. Vamos a recibir la bendición de los hongos.

–¿Son drogas? –preguntó Isabel.

Todos callaron. Fue Coyo quien rompió el silencio.

–Para el gobierno sí. Pero para los pueblos prehispánicos eran alimentos sagrados, algo así como sus medicinas. Les ayudaban a curarse de algunas enfermedades del alma y a entrar en contacto con los dioses.

–Los jóvenes de ahora las han convertido en un vicio, en una moda más, en algo que toman solo para divertirse y destruirse –dijo el brujo–. Los hongos, como nosotros los entendemos, no tienen ninguna relación con esas drogas modernas. No son una

---

Cempasúchil: flores de color amarillo-naranja, que se usan para decorar las ofrendas a los muertos.

Cuenco: bol, recipiente hondo.

cosa, algo separado del hombre. Son nuestras alas y sirven para volar en el cielo de adentro. Pero es importante conocerlos y respetarlos, pues también pueden llevarte con tu demonio y hacer que no regreses.

Isabel no sabía cómo era el viaje del que estaban hablando. ¿Sería como sus sueños?

El brujo inició la ceremonia. Les invitó a pasar a la parte trasera de su casa, donde había un gran terreno, medio jardín y medio bosque. Isabel nunca había visto arbustos con hojas **puntiagudas** azules o amarillas. "Pinos y cactus de colores", pensó.

Antes de iniciar el paseo –dijo el brujo– cada uno de ustedes debe rezar a Don Goyo. Vamos a encomendarnos a la hermana agua. Que lave nuestro orgullo. Al fuego paternal, que nos caliente en el miedo. Al viento del bosque, que nos lleve por el buen camino. A la madre tierra, que nos abra su cielo.

Ya sabía Isabel de dónde tomaba Coyo sus oraciones del temazcal. Todos se agacharon en actitud de respeto, de rezo interior. Isabel imitó los gestos.

Ahora –continuó el brujo– deben salir y pasear, cada uno por su lado y a su manera. Hasta que vean un hongo. Cuando lo vean, háblenle. Comuníquenle sus deseos, sus miedos. Si el hongo los acepta, córtenlo dulcemente, sin dañar su raíz. Todo es prestado en esta vida y el hongo nos presta su alma un rato. Cómanlo con respeto, poco a poco, con cuidado. Y relájense para el viaje.

Isabel empezó a sentirse nerviosa. No sabía bien cómo comportarse, ni cómo buscar sus hongos. En esos momentos un águila cruzó el cielo y se paró justo en uno de los pinos de hoja azul. Se separó del grupo y empezó a caminar sola hacia ese árbol. El águila ya se había ido, pero su **sombra** aún planeaba por el campo. Isabel se quedó de pie frente al tronco del árbol. Entonces lo vio. Era un hongo irregular, de color castaño oscuro. De hecho, era seguramente el hongo más feo que había visto en su vida. Lo miró, para ver si

---

Puntiagudas: con la punta aguda, como agujas.

Sombra: oscuridad que proyecta la luz.

distinguía algo especial, diferente. Pero no. Entonces, Isabel decidió dejar sus dudas a un lado y pensar en el hongo como una simple fruta. Lo cortó con cuidado y se lo llevó a la boca.

Al principio no notó nada raro. Su sabor era amargo. Y su textura suave, tierna. Pasaron los minutos. Pero poco a poco los colores a su alrededor empezaron a brillar más, a ponerse más bellos, insoportablemente precisos. Todo tenía una nueva **nitidez**, su propia luz, a pesar de que estaba anocheciendo. Una voz dentro de ella empezó a hablar. Era una voz de madre, una voz amiga y tranquila. Reflexiva. Pero no había palabras reconocibles. Eran mensajes que no podían traducirse a ninguna lengua, de reconciliación con todo.

Y vio cómo la tierra se había quedado abajo, cómo el aire se había vuelto frío en la punta de sus dedos. La tierra abajo, más abajo, sin rastro de ninguna carretera ni construcción moderna. Bosque y lago. Y a lo lejos vio la pirámide de Cholula, como una montaña geométrica, mientras sentía el viento en sus alas. No estaba el cerro ni la iglesia, solo la pirámide, que era enorme. A su alrededor había muchos templos similares, más pequeños, con la misma perfección de piedra. La gran pirámide estaba intacta, completa, como nueva. Vio indígenas vestidos con ropas que nunca había visto, de varios colores, con plumas y con trajes de **cuero**. Vio el mundo antiguo, el valle interminable, su verde lleno de maizales, sus incontables lagunas. El paraíso.

Su mente volaba de unas imágenes a otras, como en un sueño. Ahora veía serpientes de fuego rodeando la tierra, ríos de pájaros volando en todas las direcciones, como si estuvieran locos. Y un águila cruzando el cielo gris, planeando sobre un océano lleno de **espuma**. Y la isla. Otra vez esa isla, abajo en el océano, salida de la nada, sin ningún habitante. No era una isla desierta como las que Isabel había visto en la televisión ni se parecía a las islas que había visto desde la cabina del avión. Era como una plataforma metálica,

---

Nitidez: claridad.

Cuero: piel de animal que se usa en zapatos, cinturones y otros artículos.

Espuma: sustancia blanca que dejan las olas del mar.

con sus extrañas chimeneas blancas. Un paisaje lunar, solo posible en los sueños.

Humo. Estaba ahora de nuevo sobre la pirámide. El humo salía de sus piedras. Su corazón latía como nunca antes, como si quisiera escapar del cuerpo. Humos entre el amarillo de las flores de cempasúchil y el blanco pálido de las calaveras. Humos de muerte. Entonces, un murmullo se apoderó de su mente: Quetzalcóatl, Quetzalcóatl. La angustia empezó a ser dolorosa.

DURANTE LA LECTURA

VAMOS A DETENERNOS UN MOMENTO...

1. Después de leer los seis primeros capítulos, di si las siguientes frases son verdaderas (V) o falsas (F).

		V	F
I.	*a)* Isabel viaja a México para hacer turismo.	☐	☐
	b) La profesión principal de Coyo es ser temazcalero.	☐	☐
II.	*a)* El amuleto que la mendiga le regala a Isabel es una pequeña pirámide.	☐	☐
	b) Isabel tiene el don de soñar con cosas que ocurren después en la vida real.	☐	☐
III.	*a)* Un temazcal es un tipo de sauna de tradición prehispánica.	☐	☐
	b) Isabel perdió el conocimiento durante la ceremonia del temazcal.	☐	☐
IV.	*a)* Isabel soñó con unas serpientes en medio del desierto.	☐	☐
	b) Coyo cree que en la pirámide de Cholula Isabel encontrará respuestas al misterio de sus sueños.	☐	☐
V.	*a)* Coyo e Isabel tenían permiso oficial para entrar a todas las salas de la pirámide porque Coyo es arqueólogo.	☐	☐
	b) El día del fin del mundo según la profecía de la sala de Xelhúa es el 22 de diciembre del 2012.	☐	☐
VI.	*a)* El tatuaje que Isabel tiene en su cuerpo representa la forma de una serpiente.	☐	☐
	b) Los caballeros águila eran sacerdotes del Imperio Azteca.	☐	☐

2. En la novela ya ha aparecido varias veces el personaje de Gonzalo. A Isabel, su sexto sentido le dice que es un hombre peligroso. Juega tú ahora a ser detective y responde: ¿quién crees que pueda ser en realidad? ¿Por qué crees que persigue a Isabel? Discútelo con tus compañeros.

3. En el último capítulo Isabel participa en un ritual de hongos que le inspira una visión sobre la belleza de ese valle de Cholula en la época prehispánica. Ponte de acuerdo con tus compañeros y escoged un lugar que todos conozcáis. Después imagina ese lugar en una época del pasado y descríbelo. Compara tu descripción con la de los compañeros.

4. El primer contacto que tiene Isabel con la cultura mexicana es en el mercado de Cholula. Una de las características de los mercados populares mexicanos es que el precio de algunos productos se puede negociar. Pero la negociación es todo un arte. ¿Conoces buenas frases y estrategias para encontrar el precio justo en ese tipo de mercados? En parejas escribid un guion donde uno hace el rol de vendedor y el otro de comprador. Debéis imitar el lenguaje que creéis que funcionaría en ese tipo de situación. Después, escenificad esa escena en el aula. El profesor os ayudará a mejorar el lenguaje y las estrategias comunicativas. El siguiente cuadro puede ayudaros a iniciar ese diálogo:

Situación comunicativa: regateo en un mercado popular.	
Saludos (vendedor):	¿Qué le damos? ¿Qué va a llevar? ¡Pásele! Sin compromiso.
Preguntas por el precio (comprador):	¿A cuánto está/n...? ¿A cuánto me dejaría...? ¿Cuánto es/sería lo menos por...?

5. Imagina que eres el escritor/ la escritora de esta novela. En el próximo capítulo Isabel va a despertar de las visiones que su viaje de hongos le inspiraron. ¿Qué crees que va a pasar ahora? Si ocurren las catástrofes que según Coyo predicen las profecías, ¿qué papel crees que jugará Isabel en todo ello? ¿Qué pueden significar sus sueños? ¿Qué pasará con la relación entre Coyo e Isabel? Imagina la continuación de esta historia y escribe un pequeño resumen del resto de la novela.

....

....

....

....

....

VIII

19 de diciembre del 2012. Miércoles de madrugada.

–¡**ISABEL!** ¡Isabel! –era Verónica quien estaba **agitando** el cuerpo de Isabel con violencia.

–¡Eh! ¡Qué... qué...quetzalcoatl! –La cabeza de Isabel aún daba vueltas. Todo era muy confuso.

–¡Cuidado! ¡Despierta! ¡Estás en peligro! –Coyo llegó corriendo y empujó con fuerza a Verónica.

–¡Isabel! ¡Vete de aquí! ¡Corre! ¡Yo te alcanzo después! –Coyo caminó hacia Verónica, que tenía un cuchillo en su mano.

Isabel sintió la inyección del vértigo. Y salió corriendo, hacia ninguna parte, siguiendo su instinto. Ya era noche profunda. Hacía frío. La luna llena brillaba en lo alto del cielo y bañaba de azul todas las formas del bosque. El mundo seguía conservando su belleza irrepetible.

Después de un rato, Isabel ya no podía más. Se quedó detrás de un árbol, buscando la protección de su sombra. Necesitaba descansar y pensar con **lucidez**. ¿Por qué la había atacado Verónica? ¿Qué debía hacer ahora? Escuchó unos ruidos en el bosque, como si alguien se acercara caminando hacia donde ella estaba.

–¿Coyo?

Una sombra oscura parecía moverse detrás de unos cactus.

Agitando: moviendo de forma repetitiva, como cuando se hace un cóctel.
Lucidez: claridad mental.

Isabel siempre tuvo una **vista** excepcional. Donde otros veían oscuro ella adivinaba formas, sentía detalles. La luz de la luna se reflejó en el **brillo** de un objeto metálico. Isabel pudo ver con claridad quién era aquella sombra. Se quedó paralizada. Era Gonzalo quien se acercaba con un cuchillo y una mirada tensa, depredadora.

–Shhh... No hagas nada de ruido, mi reina, o tendré que **golpearte**. Tenemos que salir de aquí.

–¡Socorro! –Isabel gritó con toda su alma.

–Te dije que no gritaras, **¡pendeja!** –Gonzalo saltó hacia ella y le **tapó** la boca.

–¡Isabel! ¡Isabel! ¿Quién está ahí? ¿Isabel? ¿Eres tú?

La voz de Coyo les llegó por la espalda, en mitad de su lucha. Debía de estar a pocos pasos de allí. Isabel decidió pelear por su vida. Agarró la cara de Gonzalo y le clavó sus largas uñas. Él tenía un cuchillo, pero ella tenía diez navajas, una en cada dedo. Tuvo la sensación de estar repitiendo su sueño, aunque los ojos de Gonzalo, esta vez, no se parecían a esos ojos encendidos, duros.

–¿Isabel?

El grito de Coyo viajaba en el aire y sonaba cada vez más cerca. Aparecería de un momento a otro. De repente un silencio distinto congeló el tiempo. El horizonte pareció **curvarse**. Los árboles **se estiraron**, abrieron sus **raíces** por encima del piso de tierra. Toda la tierra estaba rugiendo, como un animal herido.

–¡Isabel! ¿Dónde estás? ¡Hay un **temblor**! ¡Tenemos que irnos! –Isabel no se lo pensó dos veces. Aprovechó la confusión y salió

Vista: capacidad para ver.

Brillo: luz intensa y eventual.

Golpear: agredir, dar golpes.

Pendeja: en México, idiota.

Tapó: cubrió.

Curvarse: hacerse curvo, circular.

Se estiraron: se hicieron más largos.

Raíces: extensiones del árbol bajo tierra.

Temblor: movimiento de tierra causado por el choque de placas tectónicas. Un poco más suave que un terremoto.

corriendo, en dirección a Coyo. Gonzalo iba a **agarrarla** cuando una **rama** del pino se rompió, cayendo justo en medio de los dos. Isabel no se paró a mirar hacia atrás. Solo corrió como una loca.

Por fin, detrás de unos árboles, pudo ver a Coyo.

–¡Isabel! ¡Vamos! Es un temblor de tierra. Tenemos que irnos de aquí.

Coyo le agarró de la mano y señaló hacia su camioneta. Brilló el reflejo de sus llaves. Alcanzaron casi de un salto el **carro** e Isabel se subió con rapidez. Cerró la puerta. Y en un par de segundos **rugió** el motor y la camioneta salió disparada, como un gato asustado en la noche. Lo último que Isabel vio de la casa fueron las manos de Verónica. Les estaba lanzando piedras. Pero Coyo **aceleró** su carro **como alma que lleva el diablo**. Estaba completamente concentrado. Parecía otra persona.

–No pensé que todo empezaría hoy. Creía que aún teníamos dos días. Tenemos que apurarnos.

–Pero, ¿a dónde vamos?

–Al único lugar que puede salvarnos. El corazón de la pirámide.

La idea de volver a entrar en ese laberinto de túneles bajo tierra y en mitad de un temblor le produjo a Isabel un miedo **espantoso**. Pero en esos momentos la única persona en la que podía confiar era Coyo.

–¿Pudiste ver a Gonzalo? –le dijo Isabel.

–¿A Gonzalo? ¿Era Gonzalo con quien estabas? Ah..., pensé que estabas con Verónica –Coyo parecía aliviado.

–Ese señor tenía un cuchillo en la mano. Venía hacia mí, a hacerme daño.

Agarrarla: tomarla con fuerza.

Rama: son los "brazos" del árbol, las partes que tienen hojas y frutos.

Carro: en México y en gran parte de Latinoamérica en lugar de "coche" se prefiere "carro" para referirse al vehículo habitual.

Rugió: sonó como el sonido que hacen las fieras, como los leones y los tigres.

Aceleró: condujo a más velocidad, más rápido.

Como alma que lleva el diablo: modismo para significar "muy rápido".

Espantoso: horrible.

–Ese **hijo de la chingada**...

–¿Tú sabes por qué quería atacarme?

–Isabel. En México si un hombre así persigue a una joven extranjera solo puede ser para dos cosas. Para **secuestrarla** y sacarle todo su dinero. O para **violarla**.

La idea de ser violada por Gonzalo fue más insoportable para Isabel que la **inminencia** del fin del mundo. Coyo manejaba su carro a toda velocidad. Parecía conocer el camino de memoria. El temblor parecía terminado. Reinaba una paz extraña. Un silencio que solo llenaba el motor del carro.

–Agárrate fuerte, Isabel. El temblor ha podido abrir la carretera. Y en pocos segundos vendrá la siguiente ola del temblor.

A Isabel le costaba trabajo empezar a distinguir qué sucedía en su mente y qué en la realidad. ¿Dónde empezaron las visiones del hongo y dónde terminaron? ¿Estaría también soñando en esos momentos? Lo único cierto es que en esa noche extraña y por primera vez en mucho tiempo, había sentido paz. Había podido ver la belleza del mundo. Había formado parte de él. ¿Dónde estaría su familia en estos momentos? Su mamá había muerto cuando ella era pequeña. ¿La estaría viendo desde el cielo? A su papá nunca lo había conocido, su mamá nunca le había hablado de él. Y sus amigos de Madrid, sus compañeros de trabajo, todos los corazones en los que había estado, ¿estarían pensando ahora en ella? ¿Sabrían que ella estaba justo allí, en medio del **terremoto**? ¿Debajo de un volcán? Tenía razón el brujo: todo es prestado. La vida solo es una pausa entre dos sueños. ¿Cómo sería el sueño final de la muerte? ¿Se parecería a sus pesadillas? ¿O sería como la visión que tuvo del mundo antiguo?

Hijo de la chingada: uno de los insultos más agresivos en México, equivalente a "hijo de puta".

Secuestrarla: tomarla, robar su libertad y pedir a cambio un dinero por el rescate.

Violarla: abusar de ella sexualmente.

Inminencia: llegada urgente.

Terremoto: temblor de tierra.

IX

EL viaje en la camioneta de Coyo había pasado volando. Ya estaban entrando en Cholula. Había algunas ramas caídas. El bosque entero parecía herido. El temblor había levantado algunas raíces, doblado algunos árboles. Había roto la paz de esa noche de luna.

–La carretera principal estará llena de carros –dijo Coyo–. Tenemos que encontrar un **atajo**.

–Coyo, ¿por qué no vamos mejor a tu casa? Si es verdad que el mundo se va a acabar, es mejor esperar la muerte en un lugar tranquilo. Podemos esperarla juntos –Isabel quiso tomar la mano de Coyo. No se atrevía a hablar de amor. ¿Qué sentido tenía hacerlo en ese momento? Pero morir al lado de alguien como Coyo no dejaba de tener algo hermoso.

–No digas **pendejadas**. No has entendido nada todavía. Tú y yo estamos destinados a salvar el mundo.

–¿Salvar el mundo? –Isabel pensó que tal vez Coyo se había vuelto definitivamente loco. Tal vez seguía bajo los efectos de los hongos.

–Isabel, no es la primera vez que el mundo sufre un apocalipsis. Recuerda la leyenda de Xelhúa y cómo sobrevivió a una inundación. Los aztecas levantaron un imperio en medio de un gran lago. Los dioses siempre premian a los corazones valientes. Tan solo necesitan algo a cambio.

–¿El qué?

Atajo: camino corto.

Pendejadas: en México, tonterías, cosas o frases estúpidas.

–Un poco de **fe** ciega.

Isabel seguía sin saber cuál era el plan de Coyo. A lo lejos Cholula se veía a oscuras. El temblor había dejado sin luz eléctrica a la ciudad. Solo se veían los focos de los carros, como un mapa de luces que se concentraban en algunas calles. Coyo tomó un pequeño camino que cruzaba los campos de maíz del pueblo. El sonido lejano del claxon de los carros contrastaba con el extraño silencio del campo.

Llegaron por fin a la espalda del cerro donde estaba la pirámide.

–Aquí nos bajamos.

Isabel entendió que ya no había marcha atrás. Seguiría a Coyo donde él le dijera. Él sí parecía tener un destino claro, saber cuál sería su próximo paso. Cuando ella estaba en los mandos de un avión sentía la misma seguridad. Donde otros temblaban o se sentían abrumados por la responsabilidad o el riesgo, ella solo sentía la claridad de su instinto.

Caminaron hasta el borde de la pirámide. Había solo algunas personas que corrían de un lugar a otro. Se escuchaban algunas alarmas. Se respiraba el desorden dentro de la ciudad. Pero allí, en el cerrito, la pirámide parecía hablar otro lenguaje. Como un anciano que ya lo ha visto todo y nada teme.

Coyo llegó a la entrada de acceso. Sacó la llave. Miró a la calle, a ver si alguien los había visto.

–Pásale. Rápido. No hay tiempo que perder.

–¿Tienes la linterna, verdad?

–Sí. No te preocupes. Tengo todo lo necesario en mi mochila. Solo mira bien dónde pones los pies. El temblor ha podido abrir algunas **grietas** en los túneles –dijo Coyo, sudando por el peso de su enorme mochila de arqueólogo.

Fe: creencia irracional, sentimiento religioso.

Pásale: pasa. En México es frecuente añadir "le" al final de algunos verbos usados como instrucciones (pásale, éntrale, camínale, súbele). No tiene un significado lógico sino que añade expresividad, énfasis e informalidad a la instrucción.

Grietas: líneas en un muro que está roto o está empezando a romperse.

–Esto es muy peligroso. No quiero morir bajo las piedras.

–La pirámide será nuestro mejor refugio. Confía en mí.

Isabel no quería gastar las pocas fuerzas que aún le quedaban en intentar convencer a Coyo. Entendió que la fe sería su único salvavidas. Entró en el túnel. Olía a **polvo**. Empezó a toser.

–Toma mi **pañuelo** –le ofreció Coyo–. Póntelo en la boca e intenta respirar suave.

Poco a poco Isabel se acostumbró a la densidad del aire y a la oscuridad. Caminaba despacio, pero concentrada. Pese al temblor, el túnel parecía mantenerse intacto. Coyo adivinó su pensamiento.

–Estas pirámides han visto muchos temblores. No están construidas con los materiales débiles de los edificios modernos. Están hechas de tiempo.

Llegaron a la puerta del túnel que los llevaría a la sala de los signos. Coyo la abrió y siguieron avanzando. El silencio era absoluto allí dentro. Solo se escuchaban sus respiraciones. La luz de la linterna creaba sombras extrañas. Parecían gigantes.

Entraron, por fin, en la sala de Xelhúa. Estaba tal y como la recordaba. Solo tenía algo más de polvo.

–¡Lo sabía! ¡Sabía que pasaría! –era Coyo quien gritaba. Parecía feliz, emocionado.

–¿Qué pasa?

–¿Viste el muro? El temblor ha abierto un espacio justo donde queríamos continuar la exploración. Ven. Sígueme.

Coyo sacó una pequeña **pica** de su mochila. Empezó a golpear la piedra justo en la grieta. Cada vez que lo hacía caían pequeñas piedras, polvo y arena.

–Ten cuidado, por favor –le suplicó Isabel.

Coyo sacó, entonces, una pequeña masa de color gris. Y un aparato extraño.

Polvo: partículas sucias en el aire.

Pañuelo: pedazo de tela que sirve para limpiarse la nariz o el sudor.

Pica: instrumento parecido a un martillo pero más afilado, para abrir agujeros en superficies sólidas, como muros.

–¿Para qué es eso?

–Cúbrete bien la cabeza –ordenó Coyo–. Ya estamos muy cerca. Voy a abrir el último bloque de piedra.

–¿Qué?

–Voy a provocar una pequeña explosión.

–Pero, ¿estás loco?

–Tranquila, soy arqueólogo. Conozco bien esta pirámide. Es solo una pequeña explosión. No vamos a morir en esta sala. Créeme.

Isabel pensó, con tristeza, que la que estaba loca era ella por haber llegado hasta allí. Ya no podía hacer nada. Solo rezar, como le decía su madre.

–Tápate los oídos. Cúbrete la boca. Respira hondo. Túmbate en el suelo.

La explosión sonó dentro de la mente de Isabel, hizo temblar su cuerpo entero. Después llegó una nube de polvo. Era casi imposible respirar. Pero pasados unos segundos todo pareció volver a la normalidad. Coyo seguía golpeando la piedra con la concentración de un cirujano. Esta vez sonó distinto. **Hueco**. Había, ahora lo podía ver, un agujero más profundo. Y al fondo del agujero se adivinaba otro espacio. Otra sala. Después de un par de minutos más, Coyo consiguió su objetivo. Abrió un agujero en la piedra que permitía pasar a otra sala interior del túnel.

–Ven. Lo hemos conseguido –Coyo estaba feliz, transformado. No había tensión en su rostro. Solo una alegría infantil. Religiosa.

–¡Es la tumba de Xelhúa! ¡La gran tumba de Xelhúa!

Hueco: vacío.

X

COYO la abrazó. Isabel sintió la euforia de esos brazos que la rodeaban. El trabajo de toda una vida como arqueólogo había llegado al mayor éxito imaginable. Coyo había descubierto la tumba del fundador de la pirámide. Había en su mirada un éxtasis religioso. Era como para un cristiano haber descubierto los restos mortales de Jesucristo.

–Pasa tú primero. Yo te ayudo –Coyo apenas podía hablar de la emoción.

Isabel se puso a gatas y pasó, como pudo, por el agujero del muro. Al otro lado había una sala casi el doble de grande que la anterior. En el centro había una gran mesa de piedra oscura. Parecía **obsidiana**, aunque era difícil saberlo en esa oscuridad.

Entró después Coyo y sacó de su mochila varias **velas**. Las prendió y, por primera vez en más de veinte siglos, la sala pudo ser admirada por seres humanos.

–Mira cuánta belleza nos rodea, Isabel. Qué afortunados somos.

Las paredes estaban llenas de símbolos antiguos, indescifrables para Isabel. Algunos de esos signos los había visto Isabel antes en sus sueños. Coyo parecía estar leyéndolos en ese justo momento.

–Soy Xelhúa, descendiente de la tierra de Aztlán, hijo del mar inmenso –leyó Coyo en voz alta.

–¿Aztlán?

–Sí. En el siglo VI **a.C.** ya Platón, en Grecia, hablaba de la leyenda de una isla en medio del océano habitada por los atlantes, una raza más alta que los europeos y con una civilización más evolucionada.

–¿De ahí viene el nombre del océano?

–Sí, sí. "Atlántico". El mar de los atlantes.

Obsidiana: mineral de color negro.

Velas: objetos de cera con una cuerda que se enciende y da luz.

A. C: antes de Cristo.

–Entonces, no entiendo. ¿Dices que los atlantes que sobrevivieron a la catástrofe llegaron a estas tierras?

–Sí. No solo llegaron acá. Déjame leer… Sí, estaban agradecidos por la hospitalidad de los antiguos pueblos prehispánicos. Y compartieron con ellos su sabiduría. ¿Sabías que en náhuatl existe la palabra "Aztlán"?

–¿Qué significa?

–"Tierra blanca". Es increíble, Isabel… Todo encaja… Justo en el 2000, unos investigadores descubrieron que en medio del océano Atlántico, bajo la superficie del mar, hay un bosque de chimeneas que echan un fluido blanco. Allí deben de estar olvidados los restos de sus ciudades.

Isabel no dijo nada, pero pensó en la isla blanca que había visto en sus sueños y en sus cientos de chimeneas de humo. Coyo continuó leyendo.

–La tierra se hizo agua. Y solo los más sabios, los más… valientes, llegaron a… esta tierra.

Coyo tenía dificultades para entender algunas partes. Por más que iluminaba con su linterna, no podía descifrar algunos símbolos. Siguió con la mirada todo el muro. Fijó su vista, finalmente, en una columna.

–Llegará el día en que la tierra se hará fuego. Fuego del cielo… de la… noche, y fuego… fuego ¡en el vientre de la Tierra! ¡Todo está claro! –Coyo continuaba hablando para sí mismo–. Todo está escrito.

–¿Qué?

–Es el momento de la **ofrenda**. El momento sagrado de darle fuego al fuego. De satisfacer el hambre de los dioses.

–¿De qué estás hablando? No te entiendo.

–Debes ser valiente, Isabel. Y sentirte honrada. Eres un caballero águila. El guardián de la tribu. El más puro corazón de todos nosotros. Tienes la marca en tu cuerpo. Es tu destino.

–No te entiendo. ¿Por qué me miras así?

Ofrendas: regalos a los dioses.

Coyo sacó un **tarro** y un pañuelo de su mochila. Vació el tarro sobre la tela.

–Los dioses son como nosotros. Necesitan temblar. Necesitan sentir la pasión de la vida. Todos somos parte de esa materia cósmica. Todos estamos hechos de la misma sustancia y del mismo corazón.

–Coyo, ¿qué estás haciendo? Empiezas a darme miedo.

Isabel reconoció entonces esa mirada. Como un reptil de grandes ojos llenos de fuego, completamente enloquecido. ¿Cómo no se había dado cuenta? ¿Cómo había ignorado su sueño y había podido caer en esa trampa? ¡Los ojos eran los de Coyo! Y los signos de la cueva, el desmayo en el temazcal... Coyo ya se acercaba con el pañuelo en la mano. Caminaba lentamente hacia donde estaba Isabel. La sala tenía, de repente, un extraño olor a hospital.

–Tú y yo somos los nahuales de Quetzalcóatl. Tú eres el águila. Yo soy serpiente. Mira mi marca –Coyo iluminó una parte desnuda de su cintura. Justo en el mismo lugar donde Isabel tenía su marca él tenía las líneas de una serpiente–. Tú eres mujer, yo hombre. Tú vienes de una orilla del océano. Yo nací aquí en Cholula. Tenemos la marca de los animales sagrados. Los dioses eligieron esa misma simetría para iniciar el Imperio azteca. También han elegido una serpiente y un águila humanas para cerrar ese tiempo y empezar, después de nosotros, una nueva edad de la tierra.

–¿Estás loco? ¿Estás drogado?

–Prometo no hacerte daño. Respirarás este paño y te desmayarás sin dolor. Iniciaré el rito de la ofrenda. Te ataré a la tumba de Xelhúa y prenderé fuego a tu cuerpo sagrado. Yo estaré rezando cerca de ti, consagrando tu muerte a la tierra. Seremos parte de la historia sagrada. Seremos Quetzalcóatl.

Isabel no tuvo tiempo de reaccionar. Coyo saltó sobre ella con el pañuelo en la mano y le cubrió la nariz. No podía respirar. Aguantó lo que pudo, hasta que sus pulmones abrieron el paso del **cloroformo**. Se sintió sin fuerzas, de repente. Como si cayera desde el cielo en un inmenso vacío.

Tarro: envase de vidrio o cristal.

Cloroformo: líquido que se usa en medicina como anestésico.

–Coyo, ¿qué estás haciendo? Empiezas a darme miedo.

Calor. Calor. Olor a quemado, a gasolina, a barbacoa. Isabel se despertó de pronto. Estaba sobre la mesa de obsidiana, atada con cuerdas a la tumba de Xelhúa. Había calaveras y flores amarillas a su alrededor. Y sentía cómo sus muslos empezaban poco a poco a arder. Iba a morir de aquella forma horrible, como una bruja. Al fondo, en la sala de al lado, se escuchaban los rezos de Coyo: ¡Quetzalcóatl! ¡Quetzalcóatl!

Miró a su alrededor. Igual que en sus sueños, como cuando tenía aquella piedra negra en la boca. ¡La piedra! Las llamas iluminaron, de repente, el amuleto que aquella anciana le había dado antes de ir al temazcal. No lo pensó más. Giró su cabeza y empezó a morder el cuero que lo sostenía alrededor de su cuello. Poco a poco consiguió acercarlo a su boca. Alcanzó por fin el triángulo de obsidiana. Tenía una punta afilada. Lo mordió fuerte con los dientes, como un pájaro salvaje y acercó su cabeza a la cuerda que amarraba sus brazos. Lo usó como cuchillo. El dolor del fuego empezaba a ser insoportable. Pero su mente solo pensaba en cortar, cortar, cortar.

Lo logró. La cuerda empezó a romperse e Isabel usó el resto de sus fuerzas en **jalar** con su brazo. La cuerda se soltó. Con un brazo libre pudo agarrar el amuleto y cortar rápido la cuerda del otro. Las llamas estaban lamiéndole el muslo. Ya no era más Isabel. Era un animal escapando de la muerte, un águila mordiendo esa red de serpientes con forma de cuerda y **aliento** de fuego que la estaban asfixiando. Se salvó de milagro, antes de que las llamas rompieran para siempre sus tejidos.

–¡Isabel! ¡Isabel!

Las llamas iluminaron un rostro que la veía desde la otra sala, a través del agujero, entre el humo. ¡Era Gonzalo! Isabel no pudo hacer nada más. Saltó de la tumba incendiada de Xelhúa y se acostó en el caliente piso de piedra. Perdió el conocimiento.

Jalar: hacer fuerza para traer.

Aliento: respiración de la boca.

XI

21 de diciembre del 2012. Viernes por la mañana.

CUANDO se despertó, Isabel no sabía dónde estaba. El cuarto le era familiar. Parecía una cabaña antigua. La casa olía a hierbas aromáticas, a incienso. Miró a su alrededor. No había nadie. Pensó en escaparse de allí. ¿Estaba en otro sueño? ¿Había soñado su muerte con Coyo en el centro de la pirámide? El ardor de su cuerpo le regresó a la realidad. Verónica apareció por la puerta.

–¡Isabel! ¡Qué gusto verte, por fin, despierta!

–¿Verónica? ¿Qué haces aquí? ¿Dónde estoy?

–En la casa del brujo. ¿Recuerdas? Gonzalo te trajo hasta aquí. Nos lo contó todo. La locura de Coyo. Pobre Coyo…, era un hombre muy inteligente. Pero su corazón se llenó de una fe absurda. Perdió la razón.

–¿Gonzalo me trajo hasta aquí?

–Sí. Te encontró en una sala de la pirámide. ¡Guau!, dice que encontraron la tumba misma de Xelhúa. ¡Qué pena que estos días sean tan difíciles!

–¿Qué día es hoy?

–21 de diciembre. Llevas casi dos días enteros durmiendo. ¡Estábamos muy preocupados por ti!

–Verónica, ¿quién es Gonzalo?

Justo en ese momento Gonzalo apareció por la puerta de la recámara. Tenía **quemaduras** en su cara.

Quemaduras: rastros de piel quemada.

–Isabel, ¿quieres agua? ¿Qué tal te sientes?

Isabel se sentía confundida. Al parecer, Gonzalo le había salvado la vida... pero, ¿por qué?

–¿Dónde está Coyo? –Isabel empezaba a recordar los detalles, pero el pasado reciente, como pasa después de una borrachera, estaba en su mente desordenado, con fragmentos enteros de los que no recordaba nada.

–Verónica, ¿puedes dejarme un momento con Isabel?

–Sí, claro. Voy a preparar la cena. Seguro que Isabel estará hambrienta, ¿verdad?

Isabel solo pudo agradecer con la mirada. Apenas tenía fuerzas para hablar. La actitud de Gonzalo y Verónica no parecía la de unos secuestradores. Al contrario, le rodeaba, de pronto, un ambiente familiar, tranquilo. Sin **amenazas**, ni sueños extraños, ni profecías. Una tranquilidad que hacía mucho tiempo que no sentía. Gonzalo y ella se quedaron, por fin, a solas.

–Coyo murió en la pirámide. Tuve que golpearle en la cabeza.

–Pero, ¿qué hacías allí? ¿Cómo llegaste?

–Ustedes salieron como alma que llevaba el diablo de la cabaña del brujo. Intenté seguirlos pero era imposible. Perdí el rastro cuando se acercaron a Cholula. Supuse que Coyo te llevaría a la pirámide. Me acerqué y vi la camioneta justo en la puerta.

–Entonces, ¿imaginabas lo que iba a pasar?

–No. Nunca pensé que Coyo llevaría su obsesión tan lejos. Dentro de la pirámide los rezos de Coyo resonaban en los túneles. Cuando lo encontré estaba casi **en trance**. Ni siquiera me vio. Todo estaba lleno de humo. Tus gritos de dolor se escuchaban en la otra sala. Olía a gasolina.

–Si hubieras llegado un poco más tarde yo estaría ya muerta.

–Sí. Tuve que darme prisa. Si peleaba cuerpo a cuerpo con él sabía que me mataría. Así que agarré una piedra del piso. Había

---

Amenazas: palabras, gestos o hechos que le anuncian un mal a una persona.
En trance: en estado de "shock", completamente desconectado de la realidad.

piedras por todas partes, como si hubiera habido una explosión. Y se la tiré a la cabeza con todas mis fuerzas. Siempre fui bueno, desde chiquito, para cazar bichos con piedras.

–Pensé que la pirámide sería mi tumba. Nunca imaginé que una de sus piedras me salvaría la vida. Entonces, ¿lo mataste?

–No, no lo creo. Quedó en el suelo, inconsciente, con la cabeza sangrando. Yo tenía que **rescatarte**. Cuando ya había sacado tu cuerpo de allí vino otro temblor. Los túneles se cayeron. Coyo quedó enterrado.

–Dime, Gonzalo, ¿quién eres en realidad?

–No sé por dónde empezar. Y no soy bueno con las palabras.

–Coyo me dijo que eras un guardia de seguridad en la pirámide.

–Sí, así es. Es la **chamba** que uso para poder hacer mi trabajo sin parecer sospechoso. Soy un policía. Un agente secreto. Queríamos saber si Coyo aún seguía en la **secta**.

–¿Qué secta?

–Los papás de Coyo eran aficionados a la arqueología. Y al fanatismo religioso. Llegaron a seducir con sus ritos a muchas personas. A tu madre entre ellas.

–¿Mi mamá?

–Cuando tu madre vino a México, supongo, estaría llena de curiosidad, de ilusiones. Eran los años setenta. Todo lo que sonara a cultura prehispánica, drogas y misticismo les fascinaba a los europeos. Los padres de Coyo habían formado una comunidad, una especie de comuna. Veneraban a Quetzalcóatl y a los dioses de los pueblos prehispánicos. Creían en el fin del mundo. Y tomaban drogas para inspirar sus éxtasis religiosos y sus orgías.

–¿Qué le hicieron a mi mamá?

–La invitaron a sus ritos. No sé cómo decirte esto, Isabel.

Se hizo una pausa. Isabel no sabía qué pensar. Su madre siempre

---

Rescatarte: salvarte.

Chamba: en lenguaje mexicano coloquial significa "trabajo".

Secta: grupo religioso o ideológico.

le había hablado de otras culturas. Era una mujer que había viajado por el mundo. Pero nunca quiso contarle quién era su padre.

–Isabel, tú eres hija de uno de esos ritos.

–¡¿Cómo?!

–Nos lo contó una mujer que había formado parte de la secta. Las mujeres jóvenes entregaban su cuerpo al padre de Coyo, el líder. Ese hijo de la chingada les lavaba el cerebro. Les convencía de que el sexo con él era una especie de misa.

–Pero..., entonces...

–Sí. Lo más probable es que Coyo y tú fueran medios hermanos. Hijos del mismo padre. Hay un acta tuya de bautismo en la iglesia de Tonanzintla.

–No. No es posible.

–Sabemos que cuando nacían esos bebés les hacían una marca en la cintura, con la forma de los símbolos religiosos prehispánicos. Les hablaban en náhuatl. Los bebés eran una parte sagrada de sus rituales.

–¡Qué hijos de puta! –Isabel empezaba a aceptar la realidad. Aún le dolían las quemaduras en su cuerpo. En las piernas, sobre todo. Pero era mucho peor el dolor de lo que estaba escuchando. –Gonzalo..., ¿por qué no me avisaste antes?

–Cada vez que me acercaba a ti te escapabas con Coyo. Y yo no sabía todavía si Coyo era tan peligroso como sus padres. Llevaba observándole casi un año. Y parecía ser solo un buen arqueólogo. Se había escapado muy joven de toda esa locura de su familia. Sus padres murieron en un incendio mientras él estaba en Estados Unidos estudiando la carrera de Arqueología. Es un profesor de mucho prestigio aquí en la universidad. Bueno, era.

Gonzalo se excusó. Debía hacer una llamada. Isabel se quedó sola, asimilando todo lo sucedido. Casi no podía moverse. Las quemaduras en todo su cuerpo le traían los recuerdos horribles de la pirámide. Pero su cuerpo estaba exhausto. Solo deseaba dormir.

XII

ISABEL no sabía cuánto tiempo había estado dormida. Solo sabía que no recordaba haber soñado nada. Absolutamente nada. Hacía muchos meses que no despertaba así, con la mente limpia. Como un bebé.

Verónica se asomó por la puerta, con un plato de consomé en una **charola**.

–Hola, Isabel. Qué bueno que ya despertaste. Es momento de reponer fuerzas. La situación sigue siendo complicada. Las carreteras están cortadas. El temblor fue fuerte y dejó muchos muertos, miles de heridos. La amenaza de que vuelva a temblar no ha terminado. Además, todo el mundo está paranoico con las profecías del fin del mundo.

–¿Ustedes creen en ellas? –preguntó Isabel, mientras bebía, casi **tragaba**, el consomé de pollo.

–Mira –contestó Verónica–. Los calendarios mayas y aztecas coinciden en una cosa. En que la Tierra, los astros, nunca descansan. Como dice el brujo: "El cosmos siempre está bailando". Y sí, yo en lo personal sí creo que pronto viviremos tiempos difíciles.

–¿El Popo puede volver a entrar en erupción? –Isabel seguía inquieta. Coyo había muerto, pero el volcán seguía vivo. Y ellos estaban justo en su ladera.

–Sí. Tal vez lo haga hoy mismo. O tal vez dentro de diez o quinientos años. Pero el fuego de la Tierra necesita ser liberado. Si no la Tierra explotaría –fue la respuesta de Verónica–. Yo, por si acaso,

---

Charola: bandeja, objeto plano para llevar platos y vasos.

Tragar: tomar de golpe.

ya tengo todo preparado: el carro, los **garrafones** de agua, las provisiones de comida. Y varios tanques extras de gasolina.

Para Isabel, pensar que tenía que abandonar ese hogar le parecía una ida cruel. Verónica, Gonzalo, el brujo... todos ellos eran personas muy amables, muy hospitalarias. Después de tantos años de hoteles, de cambio de horarios, de compañeros de trabajo que solo veía un mes y nunca más volvía a encontrar. Después de esa vida de piloto, Isabel comprendió que lo que necesitaba su alma era estabilidad.

–La sopa está riquísima –le dijo Isabel, que no podía parar de comer, como si todos los placeres de la vida se condensaran en ese caldo–. Verónica, ¿te puedo preguntar algo?

–Sí, claro. Lo que gustes.

–Coyo los trataba con respeto. Sentía mucha admiración por ustedes. Ustedes comparten muchas de las cosas en las que él creía. Él también parecía un hombre encantador, hospitalario. ¿Cómo puedo confiar en ustedes?

–Isabel, Coyo era un hombre muy inteligente. Era un intelectual muy competente y un hombre de conocimiento. Solo tenía un problema: nunca quiso reconocer el fanatismo religioso de su familia. Nosotros se lo dijimos muchas veces. Que tenía que aceptar lo que les había pasado a sus padres. Sin culparlos. Sin culparse. Pero su corazón no consiguió dar ese salto y se quedó atrapado en su infancia. Empezó a obsesionarse con los mensajes proféticos de los antiguos pueblos prehispánicos. Nosotros quisimos ayudarlo. Le invitamos a nuestro ritual de hongos para ayudarlo a sanar. Los hongos no solo producen visiones; también sanan el alma. Pero solo al que desea curarse y él no quiso. Esa fue su decisión.

Gonzalo entró en ese momento. Isabel no sabía si había escuchado lo de los hongos. Él era un policía. ¿Estaría allí vigilándolos? ¿Sabía lo del ritual?

–No estás aquí para **detenernos**, ¿verdad?

–Si lo dices por las drogas y los rituales prehispánicos, no. Como

---

Garrafones: recipientes grandes de agua.

Detenernos: llevarnos a prisión.

puedes ver en mi piel, yo soy indígena. Y la primera vez que probé los honguitos fue cuando era un **chamaco**. Los hongos son parte de mi cultura. Y, además, no conozco a un solo **cuate** de la policía que no haya probado todas las drogas. Cuando empecé a investigar la "secta Quetzalcóatl", todos ellos, Verónica, el brujo, me parecían sospechosos. Ahora ya sé que son buena gente.

–Es verdad, Verónica. Tú quisiste ayudarme. Pero pensé que me estabas atacando.

–Sí. Esa noche vi a Coyo metiendo en su mochila unos objetos extraños. Le vi poniendo el garrafón de gasolina, las cuerdas, las velas… Nos robó las flores y las calaveras de nuestro altar. Le pregunté qué estaba haciendo. Y entonces vi su mirada de fanático. Pensé que aún seguía en su viaje de hongos y preferí no darle demasiada importancia. Pero me pareció extraño. Se lo conté al brujo, y él fue quien me dijo que te avisara del peligro que corrías. Agarré un cuchillo por si tenía que enfrentarme a Coyo. Salí a defenderte.

–¿Puede que se volviera loco por los hongos? –preguntó Isabel.

–Ay…, mi Isabel –respondió Verónica–. Hay muchos tipos de fanatismo. Muchos en el mundo imaginan que unos hongos, que diferentes pueblos del mundo llevan usando durante miles de años, pueden causar locura. Otros piensan que unos hongos les darán un conocimiento maravilloso y curarán todos sus males. En realidad es la vida misma la que da la locura y la sabiduría. El cielo y el infierno están dentro de nosotros. Coyo eligió el fuego de su locura. Debes preguntarte qué camino deseas para ti.

Isabel no esperaba una respuesta tan personal. Todo lo que había vivido había abierto en ella una visión más bella del mundo. Una belleza que ella siempre había ignorado a pesar de haber volado por gran parte del mundo, de haber visto los paisajes más increíbles, de haber tenido en sus manos una máquina capaz de moverse cientos de veces más rápido que la más rápida de las aves. Ella amaba los cielos, pero también había descubierto el inmenso vacío de su co-

---

Chamaco: en el lenguaje coloquial mexicano significa "niño".

Cuate: amigo, compañero. En este caso, colega.

razón. Su necesidad de ser parte de la vida de otros, de tener una familia, de **echar raíces**. Se sintió agradecida.

–Gonzalo, Verónica. Quiero darles las gracias por todo. Ustedes han sido como una familia para mí.

–Mientras se tranquiliza la situación afuera, ustedes pueden quedarse aquí con nosotros el tiempo que haga falta –dijo Verónica–. Y ahora, con su permiso, voy a continuar con mis tareas. **Más vale prevenir que curar**.

–Yo también te dejo descansar. Ya tendremos tiempo de seguir platicando. Necesito **reportarme**. Solo vine para saber si estabas bien. Debo volver al trabajo. Son días difíciles.

–Sí, claro.

Isabel se quedó sola. Sintió unas ganas inmensas de ver el cielo. La luz que entraba por la ventana hacía pensar en un día claro y transparente. Le dolía cada movimiento que hacía, pero necesitaba sentir el alivio de un poco de aire fresco en sus brazos.

Salió de la cabaña y estuvo caminando un poco por el jardín. Era verdad. El mundo era de una belleza indescriptible. La vida era un milagro prestado, un instante que solo valía la pena disfrutar.

De repente, empezó a sentir como si le estuvieran picando los mosquitos en los brazos. Uno, otro, otro más, por todo el cuerpo, por la cara. Pensó que era una plaga. Intentó mirar al cielo, pero lo encontró de color gris.

–¡Isabel! ¡Isabel! –era Gonzalo quien la llamaba.

–¿Qué está pasando? –gritó.

–¡Es el Popo! ¡Está cayendo la ceniza del Popo! Rápido. ¡Tenemos que irnos de acá!

Isabel entró volando en la cabaña. El brujo y Verónica parecían

---

Echar raíces: se usa metafóricamente para expresar un deseo de estabilidad, de pertenencia a algo o a alguien.

Más vale prevenir que curar: proverbio popular que se refiere a la necesidad de evitar riesgos innecesarios.

Reportar*me*: informar de *mis* noticias a las autoridades.

concentrados. Se movían rápido. Agarraban llaves, salían del cuarto, lo cruzaban de nuevo.

–Coyo nos dijo que eras piloto de aviones. ¿Es eso verdad? –le preguntó Verónica a Isabel.

–Sí, claro. Es mi trabajo.

–La ceniza del Popo es una de las señales de que va a hacer erupción en unas horas. Nunca había visto tanta ceniza en el aire. El volcán va a **estallar**. Tenemos que apurarnos.

–Pero, ¿cómo podemos salir de aquí?

–Una amiga tiene una avioneta. Una avioneta pequeña. Acabo de llamarla. Ella no la sabe pilotar. Su esposo murió en el temblor. Ándele. No hay tiempo que perder. Agarremos el carro y bajemos a Cholula. Allí nos está esperando. Esto va a ser un infierno en muy poco tiempo.

Isabel no pudo dejarse llevar por la tristeza. Tal vez Coyo tenía razón. Tal vez la profecía del fin del mundo empezaría a cumplirse en Cholula. Miró por la ventana. No había cielo. Solo una inmensa nube de humo y ceniza. Una lluvia oscura. Y un sonido, a sus pies, bajo tierra, de algo que nunca había escuchado antes: el sonido de cómo la tierra empezaba a **bullir**.

Estallar: explotar.

Bullir: lo que hace el agua cuando se calienta mucho y hace burbujas.

EPÍLOGO

22 de diciembre. Día del comienzo del fin del mundo.

ISABEL tenía los mandos de la avioneta en sus manos. Se habían alejado lo suficiente del volcán para evitar su nube de humo. Pero abajo, la tierra estaba llena de ríos de **lava**. El valle de Puebla, tal y como ellos lo habían conocido, estaba dejando de existir.

Gonzalo miraba atentamente un tipo de celular que Isabel nunca había visto.

–¿De veras esa cosa tiene radar?

–Sí, Isabel. No sé si vamos a sobrevivir. Pero si hay alguna isla, esta "cosa", como tú dices, nos ayudará a encontrarla.

Isabel no le dijo que ella tenía su propio radar. Los sueños. Había soñado con esa isla en medio del océano. Gonzalo les contó que en los medios de comunicación de todo el mundo estaban reportando cambios dramáticos en el planeta. Los polos se estaban abriendo desde su centro. Hawai había casi desaparecido del mapa. En el océano Atlántico había **sismos** de una intensidad nunca vista antes.

Hacia allí, hacia el océano se dirigían. Isabel les dijo que conocía una isla segura. Que confiaran en ella. No les quedaba otro remedio. Nadie sabía cómo pilotar una nave. Y nadie sabía tampoco dónde encontrarían la manera de sobrevivir. Todos los volcanes del planeta parecían haber entrado en erupción. Dentro de unas horas todos los cielos de la Tierra estarían cubiertos de ceniza. El planeta entero entraría en una nueva época de **glaciación**.

Lava: fuego líquido del volcán.

Sismos: terremotos.

Glaciación: período climático de un intenso frío y donde grandes extensiones de tierra están cubiertas por el hielo y la nieve.

Isabel, sin embargo, tenía la fe de los supervivientes. Esta sería una de esas noches oscuras de las que le hablaba su abuelita, donde las estrellas brillarían con más intensidad. Los tiempos difíciles pasarían. Gonzalo estaba escuchando un programa especial sobre el clima mundial donde una serie de científicos afirmaban que el efecto de esa catástrofe global duraría unos meses más, tal vez un año. Después de ese tiempo, el mundo volvería, poco a poco, a recuperar unas condiciones adecuadas para la vida humana. No era la primera vez que el planeta pasaba por algo así y ahora la humanidad estaba mejor preparada que nunca.

Mientras pasaba ese largo invierno del mundo, ellos sobrevivirían en esa ciudad de la Atlántida. Isabel estaba segura de eso. Recordaba perfectamente el sueño. Allí encontrarían refugio. La ciudad de las chimeneas blancas y, bajo ellas, el calor que les permitiría sobrevivir al frío. Y quién sabe qué otros tesoros más.

Verónica y el brujo estaban dentro de la avioneta, con el resto de las personas que habían podido rescatar. También habían podido meter algunos animales. "No era el arca de Noé", pensó Isabel, pero habían hecho todo lo que pudieron. Desde la cabina, Gonzalo e Isabel podían escuchar las palabras del brujo:

–No lloren, mis hijos. No tengan miedo. Todo en la vida es prestado. Y toda muerte siempre trae una nueva vida. El año tiene sus estaciones y el planeta tiene sus edades. Primero fue la edad de la tierra, en el tiempo de los dinosaurios. Después vino la edad del agua, con los atlantes. Nuestra civilización nació alrededor del fuego y el fuego está acabándola. Los mayas y los aztecas soñaban un futuro del mundo más cerca de los dioses. Será la edad del cielo.

DESPUÉS DE LA LECTURA

COMPRENSIÓN LECTORA

1. Después de leer los capítulos que van desde el VII hasta el final elige la respuesta correcta:

VII. 1. Un nahual, según Coyo, es:
- ☐ *a)* Un animal que expresa tu alma y en el que puedes transformarte.
- ☐ *b)* El idioma que hablaban los aztecas.
- ☐ *c)* Un tipo de brujo que puede poseer tu alma.

2. En su visión, bajo los efectos de los hongos, Isabel ve:
- ☐ *a)* Imágenes confusas de cuando era niña.
- ☐ *b)* La belleza del mundo prehispánico antes de la llegada de Colón.
- ☐ *c)* El paraíso de la Biblia.

VIII. 1. Cuando se despertó del sueño Isabel corrió para escapar de:
☐ *a)* Coyo. ☐ *b)* Verónica. ☐ *c)* Gonzalo.

2. En mitad de su lucha con Gonzalo, ¿qué catástrofe natural ocurrió?
- ☐ *a)* La erupción del volcán Popocatepetl.
- ☐ *b)* Un terremoto.
- ☐ *c)* Una inundación.

IX. 1. ¿Qué vio Coyo en el muro de la sala de la pirámide?:
- ☐ *a)* Signos que hablan de la muerte de Coyo e Isabel.
- ☐ *b)* Material explosivo.
- ☐ *c)* Una rendija que le permitiría seguir con la exploración de esos túneles.

2. Isabel está...
- ☐ *a)* Muy asustada.
- ☐ *b)* Muy tranquila. No le importa morir dentro de la pirámide.
- ☐ *c)* Muy enamorada de Coyo.

X. 1. ¿Qué dicen los signos de la tumba de Xelhua según Coyo?

☐ *a)* Que los atlantes llegaron a vivir en Cholula.

☐ *b)* Que Isabel debe morir.

☐ *c)* Que no va a haber ningún apocalipsis.

2. ¿Cuáles son las intenciones de Coyo?

☐ *a)* Evitar la catástrofe rezando a los dioses prehispánicos.

☐ *b)* Hacer que se cumpla la profecía del fin del mundo.

☐ *c)* Matar a Isabel como ofrenda a los dioses para evitar el Apocalipsis.

XI. 1. Isabel despertó en:

☐ *a)* Casa de Gonzalo.

☐ *b)* En la cabaña donde había estado dos días antes.

☐ *c)* En un nuevo sueño.

2. Isabel descubre que Coyo y ella:

☐ *a)* Son familia de Gonzalo.

☐ *b)* Son hermanos de Verónica.

☐ *c)* Tienen el mismo padre.

XII. 1. En realidad Gonzalo era:

☐ *a)* Un brujo.

☐ *b)* Un policía.

☐ *c)* Un guardia de seguridad.

2. Isabel sale al jardín y ocurre un evento catastrófico. ¿Cuál es?

☐ *a)* La erupción del Popocatepetl.

☐ *b)* Un nuevo temblor.

☐ *c)* Una plaga de mosquitos.

Epílogo Isabel cree que al final:

☐ *a)* Morirán en medio del océano Atlántico.

☐ *b)* Encontrarán la isla de la Atlántida.

☐ *c)* Como en el Arca de Noé, ellos repoblarán la tierra.

GRAMÁTICA Y VOCABULARIO

1. Como habrás observado en la novela, el uso del tiempo Imperfecto o Pretérito imperfecto (*hablaba, comía, vivía*) se aplica generalmente para la descripción, mientras que el Pretérito o Pretérito indefinido (*hablé, comí, viví*) se usa para la narración. Puedes comprobarlo en estos fragmentos del capítulo 2:

* Descripción del mercado de Cholula:

"El mercado de Cholula estaba a dos cuadras del zócalo y era tan grande como la plaza central de cualquier ciudad europea. Ese inmenso espacio estaba cubierto por un techo de aluminio. A pesar de que eran las nueve de la mañana parecía de noche dentro del mercado".

* Narración de la conquista española de Cholula:

"No sé si sabes que muy cerquita de aquí Hernán Cortés empezó su genocidio hace quinientos años. Reunió en un palacio a todos los líderes indígenas y ordenó a sus soldados que dispararan. Murieron más de 6000 cholultecas. Allí empezó la conquista de México".

Inténtalo tú ahora. Elige con tus compañeros un lugar que conozcáis todos y unos personajes comunes (podéis ser vosotros mismos). Después, cada uno debe escribir un relato: en el primer párrafo tenéis que describir el lugar y los personajes, en tiempo pasado. Y en el segundo párrafo debéis contar lo que pasó, la historia. Después comparad vuestros relatos. ¿Hay algunos verbos que se repiten en las versiones del primer párrafo? Y en el segundo párrafo, ¿qué tipo de verbos aparecen?

2. Mexicanismos. Excepto Isabel, el resto de los personajes de la novela son mexicanos y usan algunas palabras que son características del habla de ese país, a diferencia de las que se usarían en España. ¿Puedes recordarlas? Relaciona cada palabra de la columna de la izquierda (vocabulario mexicano) con la columna de la derecha (vocabulario español).

a) Boleto
b) Aeromoza
c) Manejar
d) Chamaco
e) Carro
f) Chamba
g) Cuate
h) Camión
i) Menso
j) ¡Qué onda!
k) Platicar

1. ¡Qué pasa, tío/a!
2. Autobús
3. Colega, amigo
4. Coche
5. Charlar
6. Conducir
7. Billete
8. Crío
9. Curro
10. Azafata
11. Bobo

3. Español de España y el español de América. En México (y en la mayor parte de América Latina) el Pretérito compuesto (*he comido, has trabajado, ha ido, hemos estado, habéis/han sentido, han encontrado*) se usa de una manera menos amplia que en España. Compara las dos columnas y reflexiona sobre las diferencias. Explica cómo funciona ese tiempo en México y en España:

Español de América Latina	Español de España
a) (Ahora eres adulto). Cuando era niño **viví** en México.	*a)* (Ahora eres adulto). Cuando era niño **viví** en México.
b) A lo largo de mi vida **he tenido** muchas pesadillas.	*b)* A lo largo de mi vida **he tenido** muchas pesadillas.
c) Aún no **he estado** en ninguna inundación.	*c)* Aún no **he estado** en ninguna inundación.
d) (Son las tres de la tarde). Esta mañana **fui** al mercado de Cholula.	*d)* (Son las tres de la tarde). Esta mañana **he ido** al mercado de Cholula.
e) (Es septiembre) Este verano **fui** a la Riviera Maya.	*e)* (Es septiembre) Este verano **he ido** a la Riviera Maya.

4. Di por qué están mal las siguientes frases y corrígelas:

a) Sonaba como si alguien estaba caminando por el túnel (cap. IV).

b) Estuviste más que una hora hablando en sueños (cap. V).

c) Isabel estuvo intentando recuperar los detalles de ese sueño cuando su celular sonó (cap. VII).

d) Soy arqueólogo. Sé bien esta pirámide (cap. IX).

e) Llevas casi dos días enteros durmiendo. ¡Estábamos muy preocupados para ti! (cap. XI).

5. **Lee las siguientes frases. ¿Puedes entender las frases que incluyen las palabras en negrita? ¿Podrías cambiar esas palabras por otras opciones?**

a) **Apenas** podía respirar y el poco aire que llegaba traía olor a carne quemada, a barbacoa (p. 7).

b) Unas horas después la tragedia se cumplió con puntualidad, **tal y como** ella la había soñado. (p. 10).

c) –Isabel. Te presento a Verónica. Es sobrina del brujo.

–Shhh, menso. Que no se entere de que **hasta** nosotros le llamamos así (p. 39).

d) **Pese** al temblor, el túnel parecía mantenerse intacto (p. 52).

e) **Por más que** iluminaba con su linterna, no podía descifrar algunos símbolos (p. 55).

f) Agarré un cuchillo **por si** tenía que enfrentarme a Coyo (p. 65).

EXPRESIÓN ESCRITA

1. A lo largo de la novela Isabel tiene diferentes sueños. Todos ellos serán señales de lo que va a suceder después.

a) Escribe, con tus propias palabras, el sueño que mejor recuerdes.

b) Ahora imagina un último sueño, el que Isabel tal vez tuvo justo antes de despertar en el capítulo XI en la cabaña. Ese posible sueño sería una premonición de lo que va a suceder en el futuro. Escríbelo intentando imitar el estilo de sus sueños anteriores.

2. Muchos intelectuales han comentado que la cultura mexicana tiene una relación especial con la muerte. En la novela se menciona la fiesta del Día de Muertos, con sus ofrendas, sus flores de cempasúchil y sus calaveras. Investiga en Internet un poco más sobre esta fiesta y su significado cultural.

Google

Día de Muertos + México

2.1. Escribe ahora tú una redacción en la que hables de las tradiciones de tu cultura relacionadas con la muerte.

EXPRESIÓN ORAL

Después de leer la novela será interesante tener una conversación con tus compañeros sobre la experiencia:

1. ¿Qué te ha gustado más de la novela? ¿Los personajes? ¿Las cosas que les pasan? ¿La descripción de los lugares? ¿El estilo?

2. ¿Qué sabías antes de leer esta novela de México? ¿Has aprendido algo sobre su cultura? ¿Y sobre su lenguaje?

3. ¿Crees en los sueños premonitorios? ¿Y en las profecías? ¿Has tenido alguna experiencia que no tiene explicación racional? Cuéntasela a tus compañeros.

4. Isabel, en la novela, es una mujer exitosa en su trabajo como piloto de aviones, pero que se siente sola. ¿Puedes poner el ejemplo de alguna celebridad a la que creas que le sucede lo mismo? ¿Y de alguna persona cercana a ti? Para ti, ¿qué es lo más importante en la vida para ser feliz? Compara tu filosofía con la de tus compañeros.

5. Desde un punto de vista antropológico, cada cultura crea una serie de relatos o mitos sobre su origen. En la novela, Coyo relaciona el origen de Cholula con el mito de la Atlántida y con una sociedad prehispánica en armonía con la naturaleza. Sin embargo, no parece muy sensible a la situación real de los indígenas actuales, como Gonzalo o la mendiga del zócalo. Reflexiona sobre tu propia cultura, sus mitos y sus realidades actuales. ¿Cuáles serían los mitos más importantes sobre su pasado? ¿Qué contradicciones encuentras con su presente? Justifica tu respuesta.

6. Ayúdate del Google Map para ver cómo es Cholula hoy en día. Compara esas imágenes con la idea que tenías de ese lugar al leer la novela. ¿Cuáles son las diferencias? Compara tu experiencia con la de los compañeros.

7. El epílogo de la novela refleja el optimismo de Isabel después de haber sobrevivido al temblor, al intento de asesinato de Coyo y a la erupción del volcán. En tu caso, ¿estuviste alguna vez cerca de la muerte? ¿Cómo te sentiste? ¿Qué o quiénes te ayudaron a salvarte? ¿Cambió tu vida después de esa experiencia?

8. Imaginad que sois los que están en la avioneta, escapando de la catástrofe planetaria. Llegáis a esa isla, la legendaria Atlántida. Es una isla donde parece que no hay nada, solo restos de edificios destruidos. Improvisad un diálogo para decidir cómo os vais a organizar y qué vais a hacer para sobrevivir.

Escribidlo intentando imitar el estilo de vuestros sueños anteriores.

....

....

....

....

....

....

....

....

....

....

....

....

....

....

....

....

....

....

SOLUCIONARIO

ANTES DE LA LECTURA

2.1. a. F; b. V; c. V; d. F.

DURANTE LA LECTURA

1. **I**: a. F, b. F; **II**: a. F, b. V; **III**: a. V, b. V; **IV**: a. F, b. V; **V**: a. F, b. V; **VI**: a. F, b. F.

DESPUÉS DE LA LECTURA

PRIMERA PARTE

Comprensión lectora

1. **VII**:1.a, 2. b; **VIII**:1. b, 2. b; **IX**:1. c, 2. a; **X**:1. a ,2. c ; **XI**:1. b, 2. c; **XII**: 1. b, 2. a; **Epílogo**: 1. b.

SEGUNDA PARTE

Gramática y vocabulario

2. a. 7; b. 10; c. 6; d. 8; e. 4; f. 9; g. 3; h. 2; i. 11; j. 1; k. 5

3. Explicación: en México el Pretérito perfecto (o Pretérito compuesto) solo se usa para una acción que pasó en el pasado pero sigue viva en el presente. Ejemplo: A lo largo de mi vida ***he tenido*** *muchas pesadillas* (las pesadillas que tuve forman parte de una secuencia de su vida que llega hasta su presente). En España se usa también para ese tipo de acciones pero, además, también sirve para expresar una acción del pasado que, aunque en el presente ya no existe, pasó en un tiempo aún reciente para el hablante o dentro de la unidad de tiempo que incluye pasado y presente. Ejemplo: (solo en España) *Esta mañana* ***he ido*** *al mercado* (aunque es por la tarde la acción es muy reciente y forma parte del mismo día). En México, esa misma acción se dice así: *Esta mañana* ***fui*** *al mercado*. Por eso, en el cap. 4, cuando Isabel despierta después del temazcal pregunta: "¿Qué **ha pasado**?". Y en el cap.6, Coyo le pregunta a Isabel: "¿Ya lo **viste**?". En los dos casos las acciones ocurrieron en un pasado muy reciente, pero Isabel es española y Coyo mexicano.

4. a. estuviera (No "estaba"); b. de (No "que"); c. estaba (No "estuvo"); d. Conozco (No "Sé"); e. por (No "para").

5. a. Casi no (=apenas); b. Tal y como (=exactamente como); c. Incluso (=hasta); d. A pesar de (=pese a); e. No importa cuánto (=por más que); f. Por si acaso (=por si).

TÍTULOS DE LA COLECCIÓN

Gaudí inacabado
Jordi Pijuan Agudo y Paloma Rodríguez León.
ISBN: 978-84-9848-229-4
ISBN: 978-84-9848-230-0 (con CD)

Los fantasmas del palacio de Linares
Manuel Rebollar Barro.
ISBN: 978-84-9848-231-7
ISBN: 978-84-9848-232-4 (con CD)

El secreto de los moáis
Miguel Ángel Rincón Gafo.
ISBN: 978-84-9848-233-1
ISBN: 978-84-9848-234-8 (con CD)

El comienzo del fin del mundo
Sergio Reyes Angona.
ISBN: 978-84-9848-116-7
ISBN: 978-84-9848-117-4 (con CD)

Muérdeme
Miguel Ángel Rincón Gafo.
ISBN: 978-84-9848-374-1
ISBN: 978-84-9848-375-8 (con CD)

Las tinieblas de Salamanca
Raúl Galache García.
ISBN: 978-84-9848-376-5
ISBN: 978-84-9848-377-2 (con CD)